Brooker + Stone

kontext + raum

stiebner

Die englischsprachige Ausgabe dieses Buches erschien 2008 unter dem Titel „context + environment“ bei AVA Publishing SA.

Aus dem Englischen von der MCS Schabert GmbH, München, unter Mitarbeit von Daniela Blum (Übersetzung).

Bibliografische Information der Deutschen Bibliothek
Die Deutsche Bibliothek verzeichnet diese Publikation in der Deutschen Nationalbibliografie; detaillierte bibliografische Daten sind im Internet über <http://dnb.ddb.de> abrufbar.

Printed in Singapore

www.stiebner.com

ISBN-13: 978-3-8307-1373-9

Name:
The Haçienda (s.S. 050+051)

Standort:
Manchester, England

Datum:
1982

Design:
Ben Kelly Design

Inhalt

Einleitung

Dieses Buch soll einen informativen und leicht verständlichen Einblick in die Designpraxis von Innenräumen geben. Im Mittelpunkt der Untersuchungen stehen dabei die Analyse und das Verständnis der Elemente, die sowohl innerhalb als auch außerhalb von Gebäuden auf einen Innenraum einwirken und ihn beeinflussen.

Der Rahmen, in dem man einen Innenraum platziert, bildet seinen Kontext. Die Kontextanalyse schafft das Verständnis für den Genius Loci oder Geist eines Ortes und seinen physischen, visuellen, akustischen und allgemein vorherrschenden Charakter. Die Umwelt hingegen bezieht sich auf die natürlichen und klimatischen Bedingungen vor Ort. Das Wetter, die Atmosphäre und das Ambiente sind ihre Studienobjekte. Wir untersuchen beide Parameter als eigenständige und doch untrennbar miteinander verbundene Einheiten. Sie schließen einander nicht aus, und so ergeben sich Überschneidungen sowohl in ihrem Einfluss auf das Design als auch bei ihrer Untersuchung.

Die besonderen Eigenschaften einer bestimmten Situation können die Neugestaltung eines Raumes beeinflussen. Mithilfe analysierender Fallstudien und von Kommentaren werden wir ergründen, wie man diese Eigenschaften herausfiltern und nutzen kann.

In diesem Buch wird die methodische Interpretation, Bewertung und Nutzung von Kontextaspekten der urbanen Form und der physischen Vorgaben unserer Umwelt vorgestellt. Des Weiteren befasst es sich mit ihrem Einfluss auf das Innenraumdesign und die Neugestaltung eines vorhandenen Gebäudes.

Die Aufdeckung der Verbindung zwischen Raum, Kontext und Umwelt gibt dem Designer effektive Strategien an die Hand, die nicht nur nachhaltig und energieeffizient sind, sondern in der gesamten Designbranche immer wichtiger werden. Darüber hinaus wird gezeigt, wie man als Designer mit alten und neuen Räumen arbeiten kann, wobei sowohl die Art des Designs als auch die intendierte Nutzung der Räume berücksichtigt wird.

Ein Designer, der aufmerksam und kritisch das bestehende bzw. geplante Gebäude analysiert, kann, kombiniert mit einer aufgeschlossenen Einstellung zu nachhaltigen, energieeffizienten Strategien angemessene und beeindruckende Ergebnisse erzielen.

Name:
Sackler Galleries, Royal Academy of Arts (s.S. 166+167)

Standort:
London, England

Datum:
1991

Design:
Foster + Partners

Wo Sie welche Information finden

Dieses Buch behandelt die unterschiedlichen Rollen, die Kontext- und Umweltfaktoren bei der Neugestaltung eines Innenraums spielen können. Den einzelnen Themen sind verschiedene Kapitel gewidmet. Jedes dieser Kapitel veranschaulicht in klaren Beispielen führende Architektur- und Designpraktiken. Diese Beispiele werden mit Kommentaren versehen, die die Gründe für die jeweiligen Designentscheidungen erläutern.

Überschrift des Abschnitts
Alle Kapitel sind in Abschnitte unterteilt. Den Titel finden Sie in der linken oberen Ecke jeder Doppelseite.

Einführung
Jedem Abschnitt ist eine kurze Einführung vorangestellt, in der wir den Inhalt skizzieren.

Seitenzahlen
Die Seitenzahlen stehen in der rechten oberen Ecke jeder Doppelseite.

Umweltbewusstsein

122+**123**

Die Brundtland-Kommission, 1983 von den Vereinten Nationen ins Leben gerufen, legte 1987 ihren Abschlussbericht *Unsere gemeinsame Zukunft* vor. In diesem wird nachhaltige Entwicklung definiert als „Entwicklung, die die Bedürfnisse der Gegenwart befriedigt, ohne zu riskieren, dass spätere Generationen ihre eigenen Bedürfnisse nicht mehr befriedigen können". Diese Definition ist bewusst unpräzise und erlaubt die unterschiedlichsten Lesarten, während sie gleichzeitig ein erstrebenswertes Ziel oder eine anzustrebende Norm setzt.

Umweltbewusstsein: Fallstudie 1

Name:
City Hall
Standort:
London, England
Datum:
2002
Design:
Foster + Partners

Dank der sich ständig weiterentwickelnden Techniken und Technologien können Designer die Umweltbedingungen besser abschätzen und leichter nachhaltige, umweltbewusste und effiziente Designs entwerfen.

Das Architekturbüro Foster + Partners räumt nachhaltigem Design einen hohen Stellenwert ein und steht im Ruf, besonders umweltverträgliche Gebäude zu kreieren. So hat das Büro seine eigene Variante der bereits etablierten Definition von nachhaltigem Design entwickelt. Nachhaltigkeit wird darin als die Schaffung von Gebäuden beschrieben, die energieeffizient, gesund, komfortabel, flexibel in ihrer Nutzung und für eine lange Lebensdauer konzipiert sind.

Die City Hall bzw. das Greater London Authority Building steht in exponierter Lage gegenüber den Touristenattraktionen Tower of London und London Bridge an der South Bank der Themse. Das Gebäude ist im Grunde sehr schlicht: eine Reihe gestapelter Ebenen, umhüllt von einer Glas- und Stahlhaut. Seine einzigartige Gestalt entspringt jedoch hoch entwickelter Modellsoftware, die die Bewegung und den Einfluss des direkten Sonnenlichts auf das Gebäude in eine Form gegossen hat. Der Computer berechnete die Sonneneinstrahlung auf das Gebäude für jeden Tag des Jahres und passte das Design entsprechend an. Millionenfache Berechnungen generierten schließlich die Form und den Grad der Lichtundurchlässigkeit jedes einzelnen Glasteils, das man in die Außenhaut einfügte.

Die Südseite ist dem Sonnenlicht am stärksten ausgesetzt. Die Gleitbauweise der Plattenebenen verringert die mit der Solarnutzung einhergehenden Probleme. Jede Ebene überragt die darunterliegende und fungiert so als Schattenspender.

Die der Themse zugewandte Nordfassade erhält nur ein Minimum an Sonne, und folglich ist die Verglasung nicht schattiert. Darüber hinaus verfügen alle Fassaden über mechanisch betriebene Jalousien zur Schattenmaximierung.

Das Design von Foster + Partners zielt auf eine Minimierung des Energieverbrauchs und die Reduzierung des Energiebedarfs um 75 % gegenüber einer klassischen Klimaanlage in Bürogebäuden ab. Das Gebäude ist mit natürlichen Lüftungs- und Klimakontrollsystemen ausgestattet wie z.B. natürlich gekühltem Grundwasser, das aus Bohrlöchern stammt, die hundert Fuß tief in den Londoner Tonboden hineingetrieben wurden. Eine 730 m lange Rampe führt über die zehn Stockwerke des Gebäudes bis zu einer Aussichtsplattform auf dem Dach hinauf. Wie beim ebenfalls von Foster designten Reichstag in Berlin eröffnet die Rampe nicht nur eindrucksvolle Ausblicke über die Stadt, sondern man kann auch in den Plenarsaal und auf die Politiker hinabblicken.

Linke Seite:
Schnitt
Die schützenden, überlappenden Ebenen sind klar erkennbar.

Rechts:
Nachtansicht
Die computergenerierte, organische Form des Gebäudes bildet ein eindrucksvolles Element der Londoner Skyline.

Unsere gemeinsame Zukunft
Der Abschlussbericht der Brundtland-Kommission wurde von einer internationalen Gruppe an Politikern mithilfe von Fachleuten für Umweltentwicklung erarbeitet. Er gilt als bahnbrechendes Dokument, da er die Aufmerksamkeit der Welt auf die Notwendigkeit von nachhaltigem Design lenkte und den Rahmen für die Erhaltung unserer Umwelt vorgab.

Oben:
Plenarsaal
Die spiralförmige Rampe lässt den Blick einerseits weit über das Stadtpanorama schweifen und ermöglicht andererseits auch die intensive Fokussierung des Plenarsaals.

Neuer Innenraum und Nachhaltigkeit

Einführung > **Umweltbewusstsein** > Ressourcen

Kapiteltitel
Der Titel des aktuellen Kapitels ist in der linken unteren Ecke jeder Doppelseite angegeben.

Infoboxen
Die grauen Boxen bieten Ihnen interessante Zusatzinformationen.

Fortlaufende Fußzeile
Der vorherige, aktuelle und nachfolgende Abschnitt wird in der rechten unteren Ecke der Doppelseite aufgeführt. Der aktuelle Abschnitt ist durch Fettung hervorgehoben.

Fotos, Skizzen und Zeichnungen ergänzen die präsentierten Beispiele. In Verbindung mit den detaillierten Analysen im Text eröffnen sie einen einzigartigen und faszinierenden Einblick in die Welt des Designs von Innenräumen und der Architektur.

Zitate
Zitate von Fachleuten und erfahrenen Designern ergänzen die Texte.

Standort

040+**041**

„Das Gebäude, das umgestaltet wird, ist immer Teil seines Kontexts. Die Eigenschaften der individuellen Räume, die Beziehung zwischen den Zimmern und den Ebenen darüber bzw. darunter, die Positionen der Türen, Fenster und Zirkulationsbereiche tragen in ihrer Verwobenheit alle zur Komposition des Umbaus bei."

Graeme Brooker und Sally Stone

Standort: Fallstudie 2

Name:
Dokumentationszentrum für Architektur
Standort:
Madrid, Spanien
Datum:
2004
Design:
Aparicio + Fernández-Elorza

Orte, deren Beschaffenheit ungewöhnlich oder eigenwillig ist, können den Designer ebenfalls zur Kreation eines außergewöhnlichen Innenraums führen. Im Zuge dieses Projekts schufen die Architekten, inspiriert von den höchst eigenwilligen Merkmalen des Ortes, eine kühne, innovative Intervention, um den Anforderungen dieses speziellen Projekts gerecht zu werden.

Das Dokumentationszentrum für Architektur wurde in der langen Arkade eines stillgelegten Gebäudes und dem darunterliegenden U-Bahn-Tunnel im Stadtviertel Nuevos Ministerios eingerichtet. Zwei Grundprinzipien gaben die Designrichtung vor: Erstens, das bestehende Gebäude sollte nur dort verändert werden, wo dies unbedingt notwendig war, und zweitens musste der neue Raum so flexibel wie möglich sein.

Die untere Ebene des vorhandenen Gebäudes ist ein Tunnel, eine stillgelegte Erweiterung des Madrider U-Bahn-Systems aus dem Jahr 1945. Die Dimensionen des Tunnels sind mit 107 m Länge, aber nur 8,5 m Breite extrem. Die obere Ebene besteht aus einem eindrucksvollen klassizistischen Arkadenraum, der ursprünglich als Ausstellungshalle und Teil der Ministeriumsbauten der spanischen Regierung errichtet worden war. Um die Verbindung zu der unterirdischen Bahnstation zu erleichtern und Kontinuität zwischen dem Konferenzsaal bzw. der Ausstellungshalle und den Pendlern zu schaffen, verlegten die Designer das Auditorium auf die Tunnelebene. Sie verknüpften beide Ebenen geschickt miteinander, indem sie den Boden des oberen Raumes durchbrachen – ein Eingriff, der aber die Konstruktion der Arkadenhalle gefährdete.

Die Raumhöhe hatte sich verdoppelt, und um die nun exponierten Mauern abzustützen, installierten die Architekten im neuen Innenraum eine U-förmige Betonröhre mit einer Breite von 7,25 m, einer Höhe von 6,65 m und 50 cm starken Wänden.

Dieser außergewöhnliche Raum mit Deckenlicht fungiert als Auditorium und Konferenzsaal. Alle Installationen sind in den Fugen zu den bestehenden Wänden verborgen, die Röhre stützt die Wände und somit die Konstruktion des Gebäudes und überwindet den schwierigen Ebenenwechsel zwischen der Arkade und der U-Bahn-Station. Bei Bedarf kann das Auditorium mit einem riesigen, schweren Vorhang entlang der Wände verdunkelt werden, der den kalten, schweren Betontunnel in einen dunklen, samtenen Stoffmantel hüllt. Die Ausstellungshalle fügte man im hinteren Bereich des Tunnels ein, wodurch sie sich nun im ehemaligen Eingangsbereich der Station befindet. Ein außergewöhnlicher Kontext hat eine Antwort generiert, die von brutalistischer Schönheit und zugleich äußerst treffend ist.

Oben:
Auditorium
Dramatik beherrscht die dreidimensionale Beziehung zwischen Auditorium und Gebäude.
Links:
Außenansicht
Der Eingang aus COR-TEN®-Stahl.

Mitte:
Plan
Der Plan zeigt den langen, schmalen unterirdischen Raum.
Unten:
Schnitt
Der unter den Rundbogen liegende Raum mit doppelter Höhe beherbergt das Auditorium.

Innenraum und Kontext

Einführung > **Standort** > Historie + Narration

Wichtige Informationen
Informationen zu Name, Standort, Datum und Designer leiten jede Fallstudie ein.

Grafiken
Sie illustrieren bei Bedarf die technischen Aspekte des Projekts.

Bildunterschriften
Sie werden zur besseren Zuordnung alle mit einer Positionsangabe und einem Titel versehen.

Wo Sie welche Information finden

Die Situation eines Gebäudes oder Innenraums ist einzigartig: Inhärent ist er immer mit seinem Standort verbunden. Die besondere Lage bzw. der Kontext beinhaltet bestimmte Eigenschaften und Möglichkeiten. Das Design kann diese Charakteristika enthüllen, analysieren und nutzen, um die Qualität des Raumes zu vertiefen. In diesem Kapitel ergründen wir, welchen Einfluss der Kontext und die ihn umgebende Umwelt auf den Designprozess ausüben können.

Name:
Museo della Cattedrale
(s.S. 022+023)

Standort:
Lucca, Italien

Umbau:
1993

Design:
Pietro Carlo Pellegrini

Eigenschaften der Gebäudelage
Dieses Kapitel führt Sie ein in das Studium der Gebäudelage eines bestehenden Objekts und zeigt Ihnen, wie die Nutzung dieser besonderen Merkmale das Raumdesign beeinflussen und durchdringen kann. Darüber hinaus wird erörtert, wie man die verschiedenen Eigenschaften des bestehenden Gebäudes untersucht und welche unterschiedlichen Methoden Sie hierfür heranziehen können.

Besonderheiten der Lage
Vor dem eigentlichen Projektstart ermitteln die meisten Designer zunächst einige spezifische Aspekte der Gebäudelage. Die Palette reicht von den direkten Beziehungen zur unmittelbaren Umgebung bis hin zu eher ephemeren Verbindungen zu weiter entfernten Objekten. Aufbauend auf seinem Wissen über diese Faktoren, kann der Designer das Design entwickeln.

Kontextanalyse
Der äußere Kontext kann ein wichtiger und einflussreicher Faktor sein. Es gibt zahlreiche lagespezifische Aspekte, die sich auf Umriss und Form eines Gebäudes und somit auch auf das Design seines Inneren auswirken. Zu diesen zählen Standrichtung, Orientierung, Topographie, Muster von Straßen und Wegen, städtebauliche Dichte und der Bezug zu einem wesentlichen Orientierungspunkt.

Analyse der Umwelt
Die besonderen physischen Faktoren, die auf ein Gebäude einwirken bzw. in seinem Inneren erfahren werden, beeinflussen unweigerlich auch das Design. Wettereinflüsse müssen berücksichtigt werden, da z.B. Wind und Regen großes Unbehagen verursachen können und daher ausgeschlossen werden müssen. Wintersonne, die in einen Raum hineinscheint, ist sehr angenehm, übermäßige Sonneneinstrahlung im Hochsommer hingegen ist äußerst unerfreulich. Die Orientierung eines Raumes innerhalb seiner physischen Umgebung und die Verwendung besonderer Materialien wirkt sich gleichfalls auf seine atmosphärischen Qualitäten und die Empfindungen aus, die seine Nutzer erfahren.

Aspekte der Nachhaltigkeit
Die Nachhaltigkeit gewinnt im modernen Architekturdesign immer mehr an Bedeutung. Energieeffizienz, umweltverträgliche und bioklimatische Technologie werden zu immer wichtigeren Faktoren, die berücksichtigt werden müssen. Ein in hohem Maß nachhaltiger Ansatz ist die Wiederverwendung von Gebäuden: Für diese benötigt man weit weniger natürliche Ressourcen als für einen Neubau. Auch Faktoren wie erneuerbare und passive Energien und ihr sinnvoller Einsatz werden in diesem Kapitel erörtert.

Rechte Seite:
Querini Stampalia Foundation, Venedig, Italien (s.S. 014+015).

Eigenschaften der Gebäudelage

Durch das Studieren und Verstehen der Eigenschaften einer Gebäudelage kann der Designer den Raum mit seiner Umgebung sowie den darin befindlichen und ihm auferlegten Elementen verbinden, ihn davon loslösen oder neue Verbindungen schaffen. Er kann diese Qualitäten enthüllen und als Grundlage für das Design nutzen. Alle Gebäude und Innenräume sind einzigartig, weil ihnen stets unterschiedliche Kontextparameter zugrunde liegen.

Eigenschaften der Gebäudelage: Fallstudie 1

Name:
Querini Stampalia Foundation

Standort:
Venedig, Italien

Datum:
1961–1963

Design:
Carlo Scarpa

Bestimmten Elementen, die im Kontext eines Gebäudes vorkommen, wird im architektonischen Design häufig eine exponierte Position zugewiesen.

Carlo Scarpa ließ sich z.B. von dem im Kontext der Querini Stampalia Foundation natürlich vorkommenden Wasser bei seiner Umgestaltung des Erdgeschosses und Hofgartens dieses venezianischen Palazzos aus dem 16. Jahrhundert beeinflussen. Das Design schafft so ein Bindeglied zwischen Gebäude und Kanal, durch die der Besucher bewusst an die Gegenwart des Wassers erinnert wird. Venedig wurde schließlich auf dem Wasser erbaut, und die Gebäude und Bewohner der Stadt sind eng mit diesem Element verbunden.

Scarpa entfernte zuerst das Gros der falschen Säulen und der Holzvertäfelung, die er im Inneren vorfand, und versuchte, Charakter und Größe des Originalraums zu ermitteln. Er versetzte die Fronttür und platzierte sie gegenüber ihrem ursprünglichen Platz in der Fassade, sodass sie nun auf den Campiello hinausgeht, die kleine Piazza neben der Kirche Santa Maria Formosa. Über eine elegante Brücke aus Teak, Messing und Stahl, die sich anmutig über den Kanal wölbt, gelangt man an den neuen Eingang.

Scarpa entwarf zwei große Stahltore, die er links von der Brücke anordnete und die dem Kanal eine Öffnung bieten. Bei Flut kann das Wasser in das Gebäude fließen. Im Inneren kann der Besucher über diagonale Stufen zum Wasser hinabsteigen, wodurch der Bezug zum Kanal noch verstärkt wird. Diese Verbindung setzt sich über die Hauptgalerie bis in den Hofgarten fort. Dieser bildet einen offenen Raum mit gezielt angeordneten Wasserkanälen entlang seiner Peripherie. Das Wasser fließt und fällt von einem verzierten Betontrog in den nächsten, bis es schließlich in ein rundes Becken mündet. Die bewusste Steuerung der Fließrichtung des Wassers, dem wichtigsten Umweltelement Venedigs, ist der entscheidende Aspekt dieses Innenraums.

> „Er sah im Wasser kein Problem, sondern betrachtete es vielmehr als Ressource, Möglichkeit und Quelle der Inspiration.“
>
> **Sergio Los**

Linke Seite:
Der geöffnete Raum
Bei Flut tritt das Wasser in den Raum ein und knüpft ein Band zwischen Besucher und Kanal.

Oben:
Hofgarten im hinteren Teil
Das Wasser durchfließt den Raum und wird durch den Betonkanal gelenkt.

Links unten:
Eingangsbrücke
Das neue, modernistische Element basiert auf vielen ähnlichen Brücken, die über den Kanal führen.

Rechts unten:
Plan
Durch Scarpas Intervention entsteht eine Verbindung zwischen dem Kanal an der Gebäudefront und dem Hofgarten auf der Rückseite.

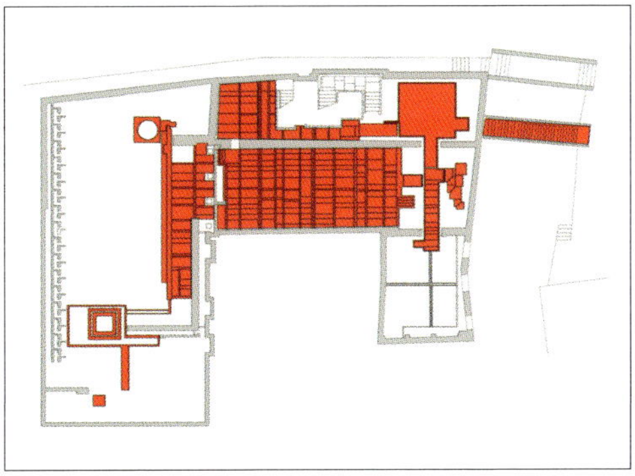

Eigenschaften der Gebäudelage

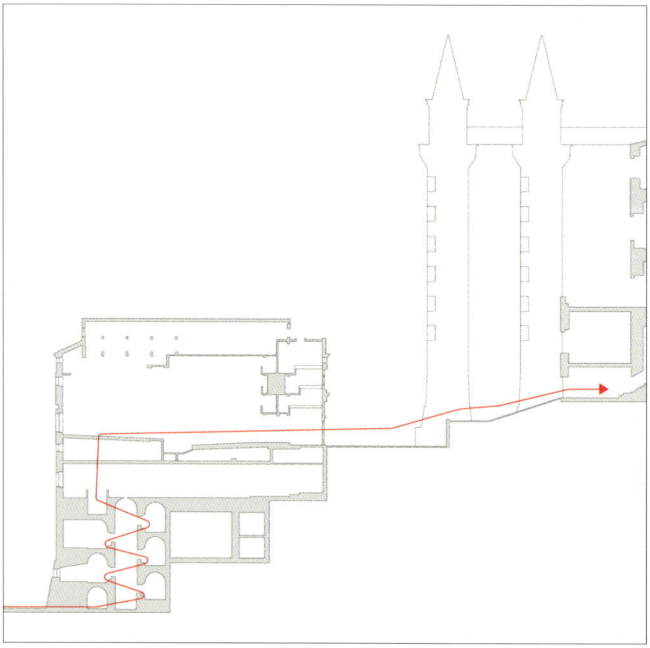

Oben:
Das historische Zentrum von Urbino
Blick auf den Palazzo. Der Parkplatz ist ganz rechts im Bild gerade noch zu sehen.

Links:
Schnitt
Die Schnittzeichnung veranschaulicht den Weg vom Parkplatz über die Mercatale Rampe zum Palazzo.

„Ich habe in meine Arbeit in Urbino alle meine Erfahrungen aus der ganzen Welt eingebettet; gleichzeitig durchzieht meine Architekturen immer ein roter Faden, der nach Urbino zurückführt.“

Giancarlo De Carlo

Eigenschaften der Gebäudelage: Fallstudie 2

Name:
Mercatale Rampe

Standort:
Urbino, Italien

Datum:
1969–1983

Design:
Giancarlo De Carlo

Das Lesen des Kontexts spielt eine zentrale Rolle bei der Kreation eines neuen Innenraums. Die Kunst, ein urbanes Umfeld und die Umgebung eines bestehenden Gebäudes zu analysieren, schafft ein Verständnis, das von großer Bedeutung für die Neugestaltung einer Situation ist.

Giancarlo De Carlo hat sein Leben der Wiederbelebung des Stadtkerns von Urbino gewidmet. Er gestaltete hauptverantwortlich die neue juristische Fakultät (1966–1968), die Kunsthochschule (1968–1976) und die betriebswirtschaftliche Fakultät (1986–2002). Die Formgebung ist bei allen Gebäuden geprägt von De Carlos fundiertem Verständnis für den Standort, die Rekonstruktion der Bauten und die sie umgebenden Areale.

Im Zuge der Analyse der historischen Stadtpläne entdeckte er, dass unter den Stadtmauern und dem Theater ein Stall und ein Durchgang existierten. Ursprünglich dienten sie dem Herzog dazu, die Festung zu Pferd vom Stall aus zu verlassen und in das tiefer gelegene Umland hinauszureiten. Um das Fundament des Theaters zu stützen, hatte man sie später zugeschüttet.

De Carlos Entdeckung, die Ausgrabungen und die anschließende Sanierung des Durchgangs erfüllten diese Nahtstelle zwischen der unteren Ebene des südwestlichen Stadtteils und den höher gelegenen Straßen und Plätzen mit neuem Leben, indem eine wertvolle Verbindung zwischen dem Parkplatz für Touristen und dem Zentrum geschaffen wurde.

Der Stadtkern von Urbino leidet unter seiner eigenen Schönheit und der großen Beliebtheit bei Touristen. Die Notwendigkeit, seinen historischen Charakter zu bewahren und die zahlreichen Kulturdenkmäler zu erhalten, veranlasste die Stadtplaner, den Stadtkern wirkungsvoll von den umliegenden Vororten abzutrennen. Man verbannte Autos und andere Transportmittel aus dem Zentrum, doch diese Maßnahme führte zu einer gewissen „Entwurzelung“. Die Besucher mussten auf einem riesigen Parkplatz außerhalb der Stadtmauer aussteigen und den langen Weg um die Mauer herum zu Fuß zurücklegen, um ins Zentrum zu gelangen. Der Durchgang bzw. die Mercatale Rampe bietet die perfekte Lösung: Bequem und reizvoll, stellt sie einen magischen Ausgangspunkt zur Erforschung der historischen Stadt dar.

Oben:
Stadtmauern
Der Höhenunterschied zwischen Parkplatz und Stadt ist eindeutig erkennbar.

Unten:
Theater
Das Gebäude erhebt sich aus den Mauern der Bastion.

Besonderheiten der Lage

Ein Gebäude oder Innenraum ist naturgemäß in seinen Kontext eingebunden. Die Lage bietet einzigartige Parameter, die nur dieser Position vorbehalten sind. Dazu gehören der Bezug zu angrenzenden Räumen oder Gebäuden, die speziellen klimatischen Bedingungen, der Perspektivblick, die Standrichtung oder Orientierung und Faktoren wie die historische und die bisherige Funktion.

Besonderheiten der Lage: Fallstudie 1

Name:
Wolfson Building, Trinity College

Standort:
Cambridge, England

Datum:
2006

Design:
5th Studio

Der Umbau eines Gebäudes mit radikalen und kompromisslosen Eigenschaften erfordert nicht selten einen ebenso radikalen Ansatz.

Eine solche Methode verfolgte das 5th Studio auch bei der Arbeit an diesem Projekt. Das Wolfson Buildung von Architects Co-Partnership gehörte zu einer Reihe brutalistischer Gebäude, die die Cambridge University in den 1960er und 1970er Jahren in Auftrag gegeben hatte. Es wirkt gewollt hart und plastischkörperhaft mit einer begrenzten Palette an unkaschiertem Beton, Glas und Backstein. Das Gebäude hat die Form einer eindrucksvollen, symmetrischen Zikkurat mit monumentalen Proportionen und einem Tunnel bzw. einer Arkade in der Mitte.

5th Studio erhielt zunächst den Auftrag, die vorhandenen Einrichtungen wie Heizung und Beleuchtung zu modernisieren sowie die Zirkulation und ökologische Leistungsbilanz zu verbessern. In der zweiten Phase sollten die Zimmer mit Bädern ausgestattet und die Gemeinschaftsräume ausgebaut werden. Die Architekten zogen einen Glaseinsatz in die offene Höhle im Herzen des Gebäudes ein. Aufgrund der spezifischen Merkmale vor Ort designten die Architekten eine starke, Ehrfurcht einflößende Reihe von Räumen, die sie geschützt platzierten: Sie hängten zwei Glasräume in das Gebäudezentrum für Seminare und soziale Interaktionen. Ein Glasboden verstärkt die Unsicherheit dieser Position. Reflektierendes schwarzes Glas lässt Licht in das Zentrum eindringen, während es gleichzeitig Licht in den Zirkulationsbereich zurückwirft. Die Glaseinbauten prägen den neuen Gebäudeeingang in einer Weise, die sowohl angemessen kühn als auch ausreichend respektvoll erscheint, da sie das Original nicht überbietet – eine erfolgreiche Neuinterpretation der Qualitäten des Originals aus den 1970er Jahren für das 21. Jahrhundert.

Oben:
Die brutalistische Zikkurat
Die neuen Glasräume hängen von der Decke der „Höhle“.

Unten:
Seminarraum
Die Glasböden verstärken das Unsicherheitsgefühl der Seminarraumlage noch.

Oben:
Der hängende Raum
Die Gemeinschaftsräume hängen in der Luft.

Rechts:
Schnitt durch das Gebäudezentrum
Der Glaseinsatz ist eindeutig erkennbar.

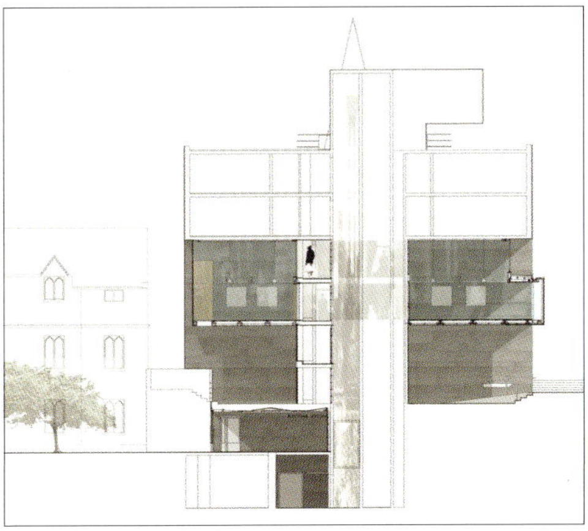

Besonderheiten der Lage: Fallstudie 2

Name:
Rathaus Oslo

Standort:
Oslo, Norwegen

Datum:
1929–1950

Design:
Arnstein Arneberg und Magnus Poulsson

Der Designer kann auch den soziokulturellen Kontext eines Gebäudes heranziehen und als Inspiration für die Umarbeitung des Innenraums nutzen.

Das Rathaus von Oslo wurde 1918 entworfen, aber aufgrund der Ereignisse weltweit erfolgte die Fertigstellung des Baues erst 1950. Der erste Entwurf entsprach dem in der norwegischen Architektur üblichen Stil der Nationalromantik mit mittelalterlichen Merkmalen und Details.

Die Verzögerung der Bauzeit bot den Architekten jedoch Gelegenheit, ihr Design zu verfeinern und weiterzuentwickeln. Das Ergebnis war ein schnörkelloses, modernes Gebäude im klassizistischen Stil. Das Rathaus steht neben dem natürlichen Seehafen. In einer Mulde zwischen der erhöht gelegenen Akershus-Festung im Osten und der ausladenden Victoria-Terrasse mit dem Außenministerium im Westen bildet der klare, funktionale Ziegelbau einen gleichmäßigen, niedrigen quadratischen Block, der von zwei imposanten Türmen flankiert wird.

Die Innenausstattung hingegen ist äußerst üppig. Extravagante Verzierungen schmücken die Haupthalle: Decke, Wände und Boden sind mit Fliesen, Stoffen und Wandgemälden bedeckt, die Szenen aus der nordischen Mythologie zeigen. Diese Motive finden sich in den anderen Räumen wieder, in denen romantische Szenen aus der Geschichte und Entwicklung des Landes dargestellt sind. Als Rahmen für die alljährliche Verleihung des Friedensnobelpreises wirken die Räumlichkeiten umso ergreifender, da ihre Innenausstattung eine Brücke von den kulturellen Wurzeln Norwegens zum modernen Leben im Land schlägt.

„Diese Verbindung wird historisch enthüllt durch die Materialien und das Kunsthandwerk des Landes sowie durch Assoziationen mit Landschaft, historischen Ereignissen, Legenden und Mythen."

Steven Holl

Linke Seite:
Haupthalle Innenansicht
Allein die Größe des Raumes flößt schon Ehrfurcht ein.

Links oben:
Rathaus Oslo
Das brutalistische, rechtwinkelige Gebäude, vom Hafen aus gesehen.

Rechts oben:
Nebenraum
Szenen aus nordländischen Mythen und Legenden schmücken den Nebenraum.

Rechts:
Mittelhalle
Der Hauptraum mit seinen reichen Verzierungen.

Kontextanalyse

Indem der Designer oder Architekt den Geist des Ortes bzw. das besondere kontextuelle Setting eines Gebäudes einfängt und interpretiert, kann er einen Raum hervorheben, verändern und mit neuem Leben füllen. Eine existierende Struktur ist an ihr Setting gebunden; sie verfügt über bestimmte Qualitäten, die einzigartig für diese bestimmte Situation sind. Der Designer kann diese analysieren und als Ausgangspunkt bzw. Grundlage für die nächste Konstruktionsschicht nutzen.

Kontextanalyse: Fallstudie 1

Name:
Museo della Cattedrale

Standort:
Lucca, Italien

Datum:
1993

Design:
Pietro Carlo Pellegrini

Der Innenraum eines Gebäudes kann das Landschafts- bzw. Stadtbild widerspiegeln, in dem er situiert ist.

Der Mikrokosmos des *Museo della Cattedrale di Lucca* gleicht einer Miniaturausgabe der Stadt, die ihn umgibt. Das Museum beherbergt drei Gebäude: ein Rathaus aus dem 13. Jahrhundert, eine Kirche aus dem 16. Jahrhundert und ein Lagerhaus aus dem 17. Jahrhundert, jeweils angeordnet um den Hofgarten der Piazza Antelminelli. Obschon Nachbarn, unterscheiden sich die Gebäude doch in Stil und Epoche. Das Verständnis dieses ungewöhnlichen und vielschichtigen Kontexts lieferte die Triebfeder für das Design des neuen Museums.

Das Museum wurde als Ausstellungsort für Kunstgegenstände aus der nahe gelegenen San-Martino-Kathedrale entworfen. Pietro Pellegrini verschmolz die drei Gebäude miteinander, indem er jedes einzelne behutsam restaurierte und besonders darauf achtete, ihre Individualität zu wahren, bevor er sie dann einfühlsam zusammenfügte. Dies gelang ihm in Form eines neu installierten Rundgangs aus Holz, Stahl und Glas, der durch die neuen Öffnungen der Gebäude verläuft. Er verbindet alle drei Bauten miteinander und führt den Besucher durch und zwischen die verschiedenen Räume.

Die auf diese Weise bewahrte Größe des Baues und die Komposition der einzelnen Räume – von den Zimmern des alten Hauses bis zum eindrucksvollen Andachtsraum der Kirche – verleihen dieser Reise ihre Ausdruckskraft. Religiöse Kunstgegenstände wie Gemälde und Skulpturen bevölkern die Route, und die neuen Öffnungen in den Zimmerfluchten dienen als Rahmen für Ausblicke, die dem Besucher visuelle Hinweise auf die nächste Etappe geben. Dieser verschlungene Pfad durch das Museum erlaubt eine spannende Reise voller Entdeckungen.

Oben:
Museum in Lucca
Blick von der Piazza Antiminelli auf den Gebäudekomplex.

Unten:
Blick durch den Rundgang
Öffnungen zwischen den Gebäuden gewähren dem Besucher zufällige Blicke auf die noch folgenden Kunstgegenstände der Galerie.

„Sobald man das Spiel oder den Dialog begriffen hat, reicht dir der Raum die Hand und fordert dich auf einzuschlagen. Es bricht aus dem trüben Einerlei, wer was wann und zuerst gemacht hat, heraus. Wir wissen, wer es war – der Bursche mit dem Augenzwinkern. Das ist das Spiel der Umgebung, und es wird ständig um uns herum inszeniert."

Gordon Cullen

Oben:
Galerieraum
Der Rundgang verknüpft die ungleichen Räume miteinander.

Rechts:
Plan
Der Plan zeigt deutlich die drei separaten Gebäude.

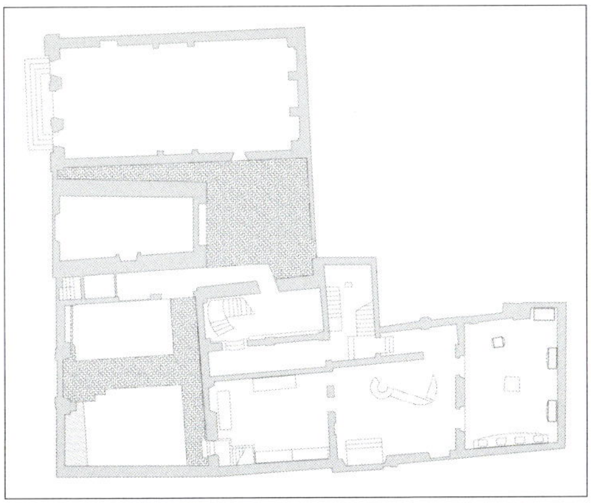

„Hierbei handelt es sich nicht einfach um eine kontextuelle Geste, die ein Verschmelzen mit der historischen Bausubstanz markiert. Das Gegenteil ist eher der Fall: Der Plan des bestehenden Gebäudes wird völlig neu interpretiert. Die Verbindungen und Hierarchien des erhaltenen Zentrums werden herausgefordert und neu definiert, indem man ihnen neue Bedeutungen, Dimensionen und ein anderes Maß an Urbanität zuweist."

Stadtbibliothek Münster

Oben:
Foyer
Der laute Eingangsbereich ist dynamisch und geschäftig – ein Echo seiner Funktion.

Rechts:
Lageplan
Die Bibliothek im Kontext. Der direkte Bezug zur Kirche fällt sofort ins Auge.

Kontextanalyse: Fallstudie 2

Name:
Stadtbibliothek Münster

Standort:
Münster, Deutschland

Datum:
1994

Design:
Bolles + Wilson

In einigen Fällen geht das Design eines Gebäudes in seiner Antwort auf den Kontext so weit, dass dieses Gebäude nirgendwo sonst existieren könnte.

1985 schrieb die Stadt Münster einen Architekturwettbewerb für eine Bibliothek und ein Museum aus. Das Gebäude sollte hinter der Lambertikirche aus dem 15. Jahrhundert auf einer der von Bomben zerstörten Flächen errichtet werden. Das junge Architekturbüro Bolles + Wilson in London gewann den Wettbewerb.

Der Entwurf der neuen Bibliothek stellt eine so intensive Antwort auf die Situation dar, die das Gebäude (das Museum wurde später aus dem Wettbewerb herausgenommen) umgibt, dass es in der gegenwärtigen Form an keinem anderen Ort existieren könnte. Form und Funktion von Gebäude und Innenraum sind eine direkte Reaktion auf das urbane Muster und die Bausubstanz der Stadt. Die Bauform wurde von der Anordnung der bestehenden Straßen vorgegeben, die Fenster so positioniert, dass trotz eines maximalen Lichteinfalls der Blick durch sie hindurch kontrolliert bleibt und die im Inneren vorgesehenen Aktivitäten die Natur des jeweiligen Stadtteils, an den sie angrenzen, widerspiegeln.

Die zentrale axiale Sichtlinie durch den Standort auf die Kirche und ihren Turm (ein wichtiger Referenzpunkt der Stadtgeschichte) gab den Ausschlag für einen Fußgängerdurchgang, der mitten durch das Gebäude verläuft. Die Einteilung von Gebäude und Form orientiert sich an dieser Gasse.

Die Unterteilung in zwei Gebäudeteile lässt verschiedene Bereiche innerhalb der Bibliothek entstehen. Die ruhigen Lese- und Rechercheräume liegen im halbrunden Solitär, während sich der lautere Eingangsbereich, das Café und die öffentlichen Serviceeinrichtungen im Hauptkomplex des Gebäudes befinden. Zwei Übergänge verbinden die beiden Blöcke: einmal im Untergeschoss, einem weitläufigen horizontalen Raum mit der Kinderbücherei und einer kleinen Galerie, und einmal auf der ersten Ebene. Über eine Brücke, die sich über die durch den Standort verlaufende Mittelgasse spannt, gelangt man vorbei an der zentralen Informationstheke von einem Ausleihbereich in den nächsten. In der Mitte der Brücke rahmt ein kleines quadratisches Fenster den Blick auf den Turm der Lambertikirche – Ausgangspunkt für das ursprüngliche Design des Gebäudes.

Oben:
Sichtlinie zwischen den Gebäuden
Blick von der Verbindungsbrücke in der Bibliothek auf die Lambertikirche.

Unten:
Leseraum
Ein ruhiger Raum mit Lichteinfall durch das Dach.

Analyse der Umwelt

Das spezielle Klima, die vorherrschenden Wetterbedingungen und andere Rahmenfaktoren, denen ein Gebäude bzw. ein Innenraum ausgesetzt ist, können die innere Umgebung eines Gebäudes beeinflussen. Die Nutzung und Kontrolle dieser besonderen Bedingungen können ein Design durchdringen. Der Designer setzt z.B. das einfallende Sonnenlicht für seine Zwecke ein oder richtet den Innenraum so aus, dass die Hauptbereiche abgeschieden von Lärm, Wind und Regen platziert sind.

Oben:
Deckenlicht
Natürliches Sonnenlicht scheint in das Herz des Gebäudes.

Von oben nach unten:

Freier Raum im Haus
Die Schlafzimmer im Zwischengeschoss sind zurückversetzt, damit Licht in das Wohnzimmer fluten kann.

Rückgarten
Der Hof wird als Außenraum genutzt.

Parallelperspektive des Hauses
Der Wohnbereich mit doppelter Raumhöhe ist direkt mit dem Herzen des Gebäudes und dem Hofgarten verbunden.

Analyse der Umwelt: Fallstudie 1

Name:
Adactus Housing

Standort:
Preston, England

Datum:
2006

Design:
Architects Britch

Der Designer kann die vorherrschenden physikalischen Bedingungen optimal verwerten oder ungünstigere Effekte abmildern, um eine angenehme und nutzbare Innenumgebung zu kreieren.

Das typische englische Reihenhaus wurde als billige, schnelle und zweckdienliche Unterkunft für die Arbeiterfamilie des 19. Jahrhunderts gebaut. Die gelegentlich regional geringfügig abweichende Gestaltung bestand grundsätzlich aus drei Räumen im Erdgeschoss und drei im ersten Stock. Unten lag vorn das Wohnzimmer oder die gute Stube, dahinter die Küche oder Wohnküche der Familie, und nach hinten in den Hof führte ein Anbau, der manchmal kaum mehr als ein Wetterschutz war. Oben befanden sich zwei bis drei Schlafzimmer und später auch das Badezimmer. Im 19. Jahrhundert erachtete man diese Häuser für angemessen, aber im 21. Jahrhundert lebt die Familie doch etwas anders. Das Studio Architects Britch trug diesem Umstand Rechnung, als es den Auftrag zur Modernisierung mehrerer individueller Reihenhäuser erhielt. Darüber hinaus waren sich die Architekten der problematischen Umgebung der Standorte durchaus bewusst.

Sie verlegten in ihrem Entwurf die exponierten Bereiche im Vorderteil weg vom Straßenlärm und richteten sie nach hinten aus, wo Ruhe und Frieden vorherrschen. Küche und Bad wurden nach vorn versetzt, während das Wohnzimmer in einen großen Raum mit zum Teil doppelter Höhe verwandelt wurde, das direkten Zugang zum Außenbereich bzw. „Wohngarten" aufweist. Die Schlafzimmer platzierten sie in einem balkonähnlichen Zwischengeschoss, das den Wohnbereich überragt. Dadurch kann das natürliche Licht durch das Dach einfallen und nicht nur die Schlafzimmer erhellen, sondern bis in das Erdgeschoss vordringen. Auf diese Weise kontrollierten die Architekten die unmittelbare Umgebung des Hauses und schnitten seine Ausstattung auf die Bedürfnisse der modernen Familie zu.

Unten: Konzeptzeichnung
Der Schnitt zeigt den Bezug zwischen Licht und Lebensraum.

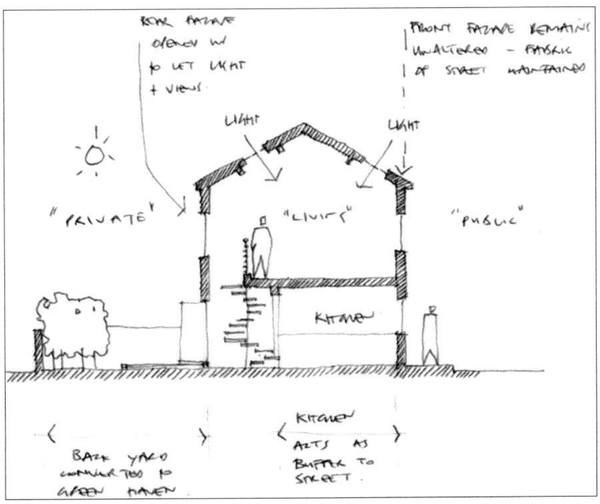

THE BP SPECIAL EXHIBITION
DRAWINGS
CLOSER TO THE MASTER
23 MARCH – 25 JUNE 2006
Room 5
Admission charge, timed entry. Tickets from Box Office in the Great Court and ticket desk outside Room 5

Analyse der Umwelt: Fallstudie 2

Name:
Great Court, British Museum

Standort:
London, England

Datum:
2000

Design:
Foster + Partners

Man kann die bereits existierende innere Umgebung eines Gebäudes mit einer grandiosen und ausladenden Geste modifizieren.

Früher war der Hof des British Museum offen und voller Unordnung – kaum mehr als eine bequeme Abkürzung und ein Parkplatz. Foster + Partners erkannten die Vorteile eines öffentlichen Bereichs und beschlossen, einen Raum zu kreieren, der nicht nur allen Besuchern zugänglich ist, sondern mit seinen Servicearealen wie Cafés und Läden auch einen Treffpunkt bieten sollte. Das Hauptanliegen aber bestand darin, das Tempo zu verlangsamen und den Besuchern Gelegenheit zu geben, sich mental auf die Eigenschaften des Museums einzustellen.

Die Architekten befreiten zuerst den Hof von Müll und Chaos und legten dann ein ausladendes, vollständig verglastes Dach in Donutform über den Bereich, das die klimatischen Bedingungen modifiziert und für ein angenehmes Klima fast das ganze Jahr hindurch sorgt. Das Dach hält Wind und Regen fern und verhindert einen zu hohen Wärmeverlust. Filter im Isolierglas verringern zudem das Problem zu intensiver Sonneneinstrahlung. Das leicht konkave Dach ist auf die vier Fassaden des Hofes montiert und spannt sich über die offene Fläche bis zum zylindrischen Lesesaal im Zentrum. Es gibt keine Zwischenträger, und trotz ihrer filigranen Form ist die Gitterstruktur extrem stabil. Aufgrund der komplexen Geometrie ist jedes einzelne Glasdreieck unterschiedlich groß. Die Architekten schufen eine Nutzfläche voller Leben, indem sie eine Schutzbarriere für den Hof installierten, die die innere Umgebung verändert.

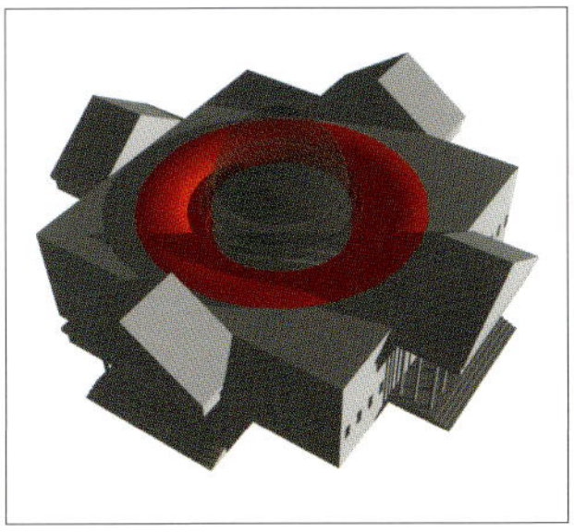

Linke Seite:
Great Court
Das neue Dach fördert die Nutzung des nun geschützten Raumes durch die Öffentlichkeit.

Links oben:
Alter Lesesaal
Die Befestigungen an den alten Gebäuden sind minimal.

Links unten:
Konzeptzeichnung
Die Donutform des Glasdachs ist in sich stabil.

Oben:
Das Dach
Die Gitterkonstruktion wirkt sehr filigran.

Unten:
Schattenspiele an den Wänden
Filter im Isolierglas verringern das Problem zu intensiver Sonneneinstrahlung.

Aspekte der Nachhaltigkeit

Die Wiederverwendung eines Gebäudes stellt eine Form von Recycling dar, die sowohl nachhaltiger als auch energieeffizienter ist als die meisten architektonischen Neubauten. Neben den vielen umwelttechnischen Vorteilen kann die Wiederverwendung auch der architektonisch sterilen Entwicklung entgegensteuern, die in den meisten Innenstädten vorherrscht.

Aspekte der Nachhaltigkeit: Fallstudie 1

Name:
Smithfield Buildings

Standort:
Manchester, England

Datum:
1998

Design:
Stephenson Bell Architects

Die Entwicklung und Sanierung alter Gebäude kann sowohl nachhaltig und energieeffizient sein als auch einem heruntergekommenen oder aus der Mode geratenen Viertel neues Leben einhauchen.

Im Northern Quarter, einem Viertel von Manchester, das man bei der jüngsten Stadtentwicklung für kreative Gemeinden nicht berücksichtigt hatte, erwarb Urban Splash das 1904 fertig gestellte Kaufhaus Affleck and Brown. Die neuen Eigentümer beauftragten Stephenson Bell mit dem Umbau in Apartments und Ladenflächen für Designer, Künstler und Musiker.

Die Designer entfernten die Anbauten und Ablagerungen von den neun Gebäuden und entdeckten dabei die Reste eines alten Hofes. Dieser Fund schlug sich im Designentwurf für das neue Gebäude nieder. Die Designer platzierten die Läden im Erdgeschoss auf allen vier Gebäudeseiten und stapelten die Apartments mit Ausrichtung zum Hof hin übereinander. Die Apartments sind über einen drei Stockwerke hohen Eingangsbereich direkt von der Tib Lane zugänglich, der ruhigsten Straße rund um das Gebäude.

Über eine Treppe gelangt man in den Hof im ersten Stock. Dieser ist als Wintergarten gestaltet und ermöglicht den Zugang zu allen 81 Apartments. Der Hof dient als öffentlicher Gemeinschaftsbereich für alle Bewohner des Gebäudes und ist im Stil einer robusten Außenanlage mit Fußwegen aus soliden Holz- und Stahlkonstruktionen gehalten. Er beherbergt außerdem die Versorgungseinrichtungen wie Wasser, Strom und Belüftung. Auf diese Weise erfüllt der Hof eine Doppelfunktion: Er ist öffentlicher Raum und Unterbringungsbereich für die Versorgungseinrichtungen der jeweiligen Wohnungen.

Aufgrund der Eigenheiten der einzelnen Gebäude fallen die Apartments sehr unterschiedlich aus. Einige verfügen über Privatbalkone, Terrassen oder Zugang zu einem Dachgarten, und die Dachwohnungen sind mit Dachtagesbeleuchtung ausgestattet. Die Designer haben erfolgreich ein beliebtes Wahrzeichen von Manchester mit einer wechselvollen Geschichte wiederverwendet und es auf nachhaltige, einfühlsame Weise als Raum für das moderne Innenstadtleben neu erfunden.

Oben:
Außenansicht
Die Ladenflächen befinden sich im Erdgeschoss, in den Stockwerken darüber wurden die Apartments untergebracht.

Mitte links:
Eingang
Der drei Stockwerke hohe Gang führt in den Wintergarten im 1. Stock.

Mitte rechts:
Wintergarten
Der multifunktionale Bereich dient dem Verkehr im Gebäude und der Versorgung sowie als Treffpunkt und Entspannungsraum.

Links unten:
Plan
Die Apartments sind um den Wintergarten herum angeordnet.

Rechts unten:
Schnitt
Der Hof im 1. Stock steht in direktem Bezug zu den Apartments und zum Eingangsbereich.

„Die Weiternutzung und Fortentwicklung bestehender Gebäude ist von Grund auf nachhaltig. Ihr Ziel ist die Maximierung der Gesamtlebensdauer von Gebäuden. Sie stellt sicher, dass der Aufwand und die Investitionen, die für die Errichtung eines Gebäudes notwendig waren, in der Gegenwart und Zukunft so lange wie möglich genutzt werden."

Johannes Cramer und Stefan Breitling

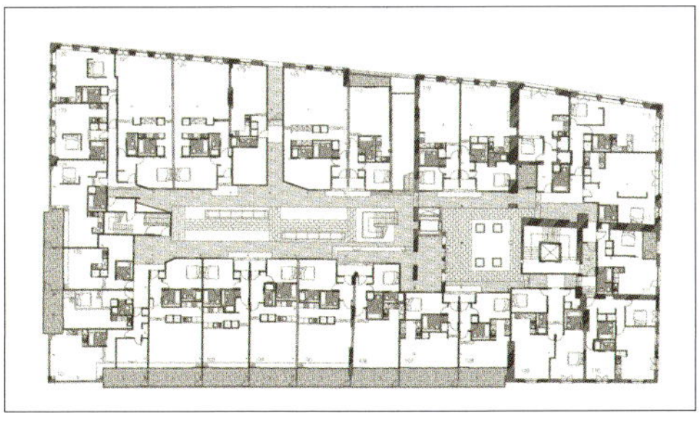

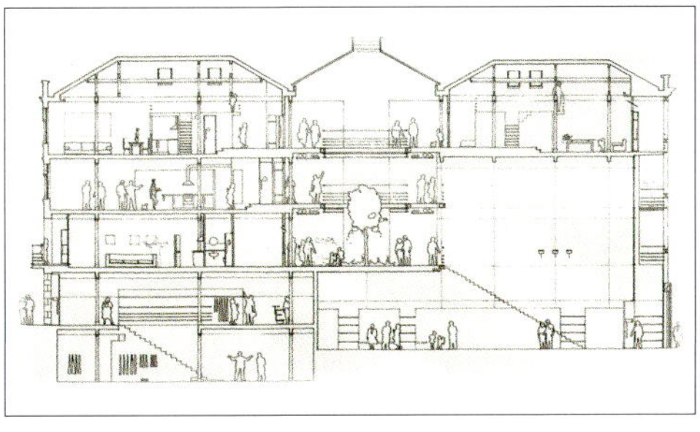

Links:
Vogelperspektive
Die Gebäude sind so angeordnet, dass der Schattenwurf auf ein Minimum reduziert wird.

Aspekte der Nachhaltigkeit: Fallstudie 2

Name:
Beddington Zero Energy Development (BedZED)

Standort:
London, England

Datum:
2001

Design:
Bill Dunster Architects

Neubauprojekte eröffnen ausgezeichnete Möglichkeiten, nachhaltige Niedrigenergiestrategien in das Design zu integrieren.

BedZED ist ein Bauprojekt mit Mischnutzung und dichter Bebauung für 82 Stadthäuser, Apartments und Wohnungen. Das Design ist auf eine nachhaltige Gemeinde im Londoner Vorort Sutton ausgerichtet. Es beinhaltet auch Geschäftsflächen für ca. 20 Betriebe, ein Biocafé und einen Bioladen, einen Kindergarten sowie ein Gesundheitszentrum und sogar einen Stadtpark. Das Bauprojekt wurde auf einem alten, stillgelegten Klärwerk errichtet und hat das Areal in ein Paradebeispiel für urbane Nachhaltigkeit verwandelt.

Der Plan ist ein ehrgeiziges Vorhaben, an dem die engagierten Designer von Bill Dunster Architects mit Stadtentwicklern der BioRegional Development Group und dem Peabody Trust zusammenarbeiten, um die Vorgaben der Regierung für nachhaltige, umweltfreundliche Wohnanlagen zu realisieren, die auch die soziale Interaktion fördern.

Die Nachhaltigkeit äußert sich vor allem in den Niedrigenergiestrategien, die man während der Bauphase, in Auswahl und Transport des Materials, einsetzte sowie beim künftigen Energieverbrauch der Häuser berücksichtigte. Das gesamte Design – von der Standortausrichtung der Häuser bis zur Dreifachverglasung und Isoliertechnik – zielt darauf ab, die Umwelt so wenig wie möglich zu beeinträchtigen und ein höchstmögliches Maß an Energieeffizienz zu erreichen. Alle Gebäude sind unabhängig von ineffizienten elektrischen und mechanischen Systemen, und in keinem werden nach dem Bezug fossile Brennstoffe verwendet. Die Energie wird stattdessen aus Biomasse gewonnen.

Die wirtschaftliche Nachhaltigkeit wird vor Ort gefördert durch lokale Netze und Anbieter von Lebensmitteln und Dienstleistungen. Wo immer möglich, kommt recyceltes Material zum Einsatz, wodurch sich der Energieverbrauch minimiert. Form und Substanz der Gebäude wurden sorgfältig designt, um die Nutzung der natürlichen Energie zu maximieren und den Abfall gleichzeitig zu minimieren. Die terrassenförmige Anordnung der Häuser reduziert den Schatten und erhöht den Sonneneinfall zur Wärmegewinnung und Energiespeicherung. Zusätzlich spart man in diesen hellen Häusern das künstliche Licht. Die Querlüftung sorgt für angenehme Kühle im Sommer, und im Winter dämmt die hochgradige Isolierung den Wärmeverlust. Schwarz- und Grauwasser wird recycelt und für Wasserspartoiletten, Waschmaschinen und Geschirrspüler verwendet. Sogar die Gebäude selbst wurden mit hochwertigem Stahl gebaut, den man aus einem nahe gelegenen Abbruchgebäude rettete und zur Baustelle transportierte.

Viele Menschen sehen in BedZED das Zukunftsmodell für nachhaltiges Bauen im Wohnungsbau.

Oben:
Moderne Schornsteinhauben
Innovative Kaminhauben mit außergewöhnlicher Form.

Links:
BedZED Eingang
Zwischen den Materialien und der Landschaft besteht eine enge Verbindung.

Rechts:
BedZED-Terrasse
Die Fassaden mit Südausrichtung absorbieren so viel Sonnenlicht wie möglich.

BDa ZEDfactory
Bill Dunster Architects ZEDfactory Ltd (Bda ZEDfactory) ist ein preisgekröntes Studio, das sich auf umweltfreundliche Niedrigenergiegebäude spezialisiert hat. Die Integration von regenerativer Energie und Passivenergie ist fester Bestandteil des Designansatzes, für den das Studio steht.

Ein Innenraum nimmt einen besonderen Platz ein. Er hat seine eigene Identität und eine ausgeprägte Beziehung zu seinem Umfeld. Dieses setzt sich nicht nur aus dem Gebäude, sondern auch aus dessen unmittelbaren Nachbarn und weiter entfernten Objekten zusammen.

Die Wahrnehmung, der Charakter und die Dimension eines bestimmten Gebäudes oder Platzes können von seinem Genius Loci, seiner Atmosphäre oder Identität beeinflusst werden. Das Innere ist nur ein kleines Element in einer riesigen Collage verschiedener Aspekte und Referenzen. In diesem Kapitel beleuchten wir, wie sich die Beziehungen zwischen diesen Parametern auf das Raumdesign auswirken. Die Faktoren, die den Rahmen für den Innenraum bilden, und die Bedingungen, in deren Licht er zu verstehen ist, wie z.B. sein Bezug zu Standort, Geschichte, externen Elementen, Übergängen zwischen Innen- und Außenbereich und die Bewegung durch die Areale und Umgebungen des Gebäudes, sind wichtige Werkzeuge für den Designer.

Name:
Galleria Nazionale
(s.S. 058+059)

Standort:
Parma, Italien

Datum:
1987

Design:
Guido Canali

Standort
Der Standort, an dem das Gebäude bzw. der Raum situiert ist, übt zwangsläufig einen Einfluss aus. Der Innenraum steht in Bezug zu seinem direkten Umfeld, sei es ein dicht bevölkerter urbaner Kontext oder eine offene Landschaft. Darüber hinaus ist er Teil seines eigenen Kontexts; Beziehungen existieren auch innerhalb eines Raumes entweder als dreidimensionale Verbindungen zwischen bestimmten Ebenen oder als horizontale Bindeglieder durch einen Raum bzw. über mehrere Räume hinweg.

Historie + Narration
Die Zeit, zu der ein Gebäude errichtet wurde, und die Veränderungen, die es erfahren hat, haben weitreichende Auswirkungen auf sein Design. Ein für bestimmte Zwecke konstruierter Raum hat besondere und präzise Eigenschaften – eben diese feiert und betont unsere pluralistische, postmoderne Gesellschaft so gerne. Die Patina der Zeit gilt allgemein als Zeichen von Schönheit und Wert, und ihre Enthüllung kann den Genuss der Raumerfahrung enorm steigern. Historische Referenzen und Anspielungen auf Geschichten und Ereignisse, die sich in einem Gebäude abgespielt haben, sind folglich Designwerkzeuge von großem Wert.

Verbindungen zur Außenwelt
Verbindungen zwischen dem Innenraum und einem externen Element können die Grundlage für ein interessantes Design bilden. Man kann diese Verbindungen sowohl zu nahe gelegenen als auch zu entfernten Objekten aufbauen, auf spezielle Wahrzeichen verweisen oder Möglichkeiten für Kontrapunkte und Balance ergründen.

Schwelle
Der Übergang zwischen Innen- und Außenraum ist für den Designer von großer Bedeutung, nicht nur aus Gründen des Zugangs, sondern auch, weil er Gelegenheiten für die Schaffung von Verbindungen bietet. Sie entstehen im Moment des Eintritts und durch Öffnungen in den Gebäudewänden. Gleichzeitig geben sie dem Designer die Chance, den Eindruck, den der Besucher oder Bewohner des Raumes hat, physisch und psychisch zu verändern.

Visuelle Verbindungen
Die Steuerung der Ausblicke gibt dem Designer wunderbare Möglichkeiten an die Hand. Er kann Situationen kreieren, die sich die spektakuläre Lage oder Perspektive eines Raumes zunutze machen. Aber der Designer muss auch die Probleme erkennen, die eine Raumausrichtung aufwerfen kann, wie z.B. intensive Sonneneinstrahlung, herrschende Windverhältnisse oder ein unschöner Ausblick. Welche Vorzüge oder Nachteile auch auftreten mögen, man muss ihnen in jedem Fall Rechnung tragen.

Bewegung
Die Bewegung durch ein Gebäude kann sehr geradlinig sein (z.B. eine einfache Reihe einzelner, unkomplizierter Räume), oder sie kann zu einer Narration werden. Sie kann die Geschichte des Gebäudes enthüllen und wiedergeben. Der Designer kann die komplexen dreidimensionalen Qualitäten des Innenraums über die Bewegung kommunizieren.

Oben:
Bar Ten, Schottland
(s.S. 038+039 und 160+161)

Standort

Die Besonderheiten eines Ortes, in dem ein Innenraum situiert ist, können das Design stark beeinflussen. Eine helle, offene Situation beantwortet der Designer in seinem Entwurf vielleicht mit einem dunklen, geschlossenen Raum, der eine starke Kontrastwirkung entfaltet, oder aber er geht umgekehrt vor und gibt genau die situativen Eigenschaften des Ortes wieder und schafft so Kontinuität. Der Designer entscheidet, auf welche Weise der Ort Einfluss auf die Raumgestaltung nimmt.

Oben:
Innenraum der Bar
Das Finish der Oberflächen erinnert an eine robuste Außenausstattung.

Rechts:
Eingang
Die Glasfassade schafft eine Öffnung der Bar zur Gasse hin.

Standort: Fallstudie 1

Name:
Bar Ten (s.S. 160+161)

Standort:
Glasgow, Schottland

Datum:
1991

Design:
Ben Kelly Design

Eine dicht bevölkerte, urbane Situation bildet häufig den Rahmen für das Redesign eines Innenraums. Die Gebäude stehen möglicherweise unter Denkmalschutz und dürfen daher nicht verändert werden, aber ihr Inneres bietet viel Spielraum für kreative und zeitgenössische Veränderungen.

In ihrem Designansatz für die Bar Ten öffnete das Studio Ben Kelly Design den Raum und befreite ihn von der Enge und Beschränkung durch seine Umgebung. Die Bar liegt diskret verborgen in einer schmalen Gasse, etwas entfernt vom geschäftigen Treiben auf dem Princes Square, dem Einkaufszentrum von Glasgow. Die Designer öffneten kurzerhand die Fassade der Bar und verglasten die Frontansicht vollständig. Der Raum erhält dadurch einen südeuropäischen Anstrich; er ist beinahe Teil der Straße. Der Name Bar Ten wurde in riesigen Lettern quer über die Fenster geschrieben, um den Blick nach drinnen bzw. draußen zu filtern. Abends genießen die Gäste in der Bar einen gewissen Sichtschutz und tagsüber erhellt das einfallende Licht den Raum auf natürliche Weise.

Die Einteilung der Bar versteht sich als Sequenz von Räumen bzw. Erfahrungen, die auf der belebten Einkaufsstraße beginnt und in der Ruhe der Bar mündet. Diese Abfolge allmählich kleiner werdender Bereiche wird durch die kompakte Gestaltung des Innenraums betont. Der Gast nimmt mit dem Raum Verbindung auf, noch während er auf der Straße steht. Das Finish der Oberflächen ist robust und kompromisslos: Es wirkt fast wie eine Außenausstattung, wodurch die Verbindung zwischen Straße und Bar noch verstärkt wird.

Die Designer wahrten die Grundstruktur des bestehenden Gebäudes und hoben diese gezielt hervor. Sie erhielten z.B. die drei großen Säulen und platzierten die Theke vor ihnen, sodass der öffentliche Raum nicht überladen wirkt. Boden und Thekenfront weisen ein Finish aus dunklem Terrazzo auf und erwecken den Eindruck, nicht nur mit dem Außenraum verbunden zu sein und die gleiche Solidität aufzuweisen, sondern scheinen auch genauso robust zu sein. Die Positionierung der anderen Elemente wie Thekenplatte, Fußstütze und Belüftungssystem unterstreicht diese Fortführung von außen nach innen: Jedes einzelne Element ist lang und ermuntert das Auge, in die Tiefen des Raumes zu schweifen. Diese Blickführung bildet den Abschluss der Reise von der hektischen Hauptstraße in den ruhigen Innenraum hinein.

Dank seiner doppelten Höhe wirkt die Bar luftig, doch die Mischung der fest installierten Objekte und Einrichtungsgegenstände sowie die Palette grober Industriematerialien verstärkt die Intensität des kompakten Raumes und erinnert an Glasgows rauen Geist und sein Erbe als Handelsstadt.

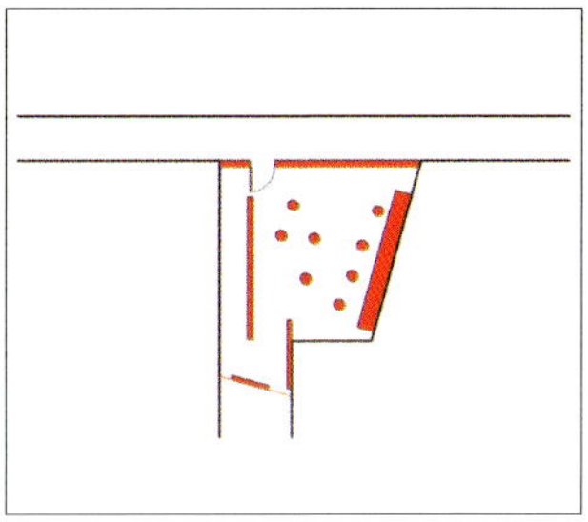

Oben:
Konzeptzeichnung
Die Skizze des Designers zeigt die unmittelbare Beziehung, die zwischen dem Innenraum, der Gasse und der Einkaufsstraße besteht.

Unten:
Plan
Bewegung ist ein wichtiges Prinzip dieses Designs.

> „Das Gebäude, das umgestaltet wird, ist immer Teil seines Kontexts. Die Eigenschaften der individuellen Räume, die Beziehung zwischen den Zimmern und den Ebenen darüber bzw. darunter, die Positionen der Türen, Fenster und Zirkulationsbereiche tragen in ihrer Verwobenheit alle zur Komposition des Umbaus bei."
>
> **Graeme Brooker und Sally Stone**

Standort: Fallstudie 2

Name:
Dokumentationszentrum für Architektur

Standort:
Madrid, Spanien

Datum:
2004

Design:
Aparicio + Fernández-Elorza

Orte, deren Beschaffenheit ungewöhnlich oder eigenwillig ist, können den Designer ebenfalls zur Kreation eines außergewöhnlichen Innenraums führen. Im Zuge dieses Projekts schufen die Architekten, inspiriert von den höchst eigenwilligen Merkmalen des Ortes, eine kühne, innovative Intervention, um den Anforderungen dieses speziellen Projekts gerecht zu werden.

Das Dokumentationszentrum für Architektur wurde in der langen Arkade eines stillgelegten Gebäudes und dem darunterliegenden U-Bahn-Tunnel im Stadtviertel Nuevos Ministerios eingerichtet. Zwei Grundprinzipien gaben die Designrichtung vor: Erstens, das bestehende Gebäude sollte nur dort verändert werden, wo dies unbedingt notwendig war, und zweitens musste der neue Raum so flexibel wie möglich sein.

Die untere Ebene des vorhandenen Gebäudes ist ein Tunnel, eine stillgelegte Erweiterung des Madrider U-Bahn-Systems aus dem Jahr 1945. Die Dimensionen des Tunnels sind mit 107 m Länge, aber nur 8,5 m Breite extrem. Die obere Ebene besteht aus einem eindrucksvollen klassizistischen Arkadenraum, der ursprünglich als Ausstellungshalle und Teil der Ministeriumsbauten der spanischen Regierung errichtet worden war. Um die Verbindung zu der unterirdischen Bahnstation zu erleichtern und Kontinuität zwischen dem Konferenzsaal bzw. der Ausstellungshalle und den Pendlern zu schaffen, verlegten die Designer das Auditorium auf die Tunnelebene. Sie verknüpften beide Ebenen geschickt miteinander, indem sie den Boden des oberen Raumes durchbrachen – ein Eingriff, der aber die Konstruktion der Arkadenhalle gefährdete.

Die Raumhöhe hatte sich verdoppelt, und um die nun exponierten Mauern abzustützen, installierten die Architekten im neuen Innenraum eine U-förmige Betonröhre mit einer Breite von 7,25 m, einer Höhe von 6,65 m und 50 cm starken Wänden.

Dieser außergewöhnliche Raum mit Deckenlicht fungiert als Auditorium und Konferenzsaal. Alle Installationen sind in den Fugen zu den bestehenden Wänden verborgen, die Röhre stützt die Wände und somit die Konstruktion des Gebäudes und überwindet den schwierigen Ebenenwechsel zwischen der Arkade und der U-Bahn-Station. Bei Bedarf kann das Auditorium mit einem riesigen, schweren Vorhang entlang der Wände verdunkelt werden, der den kalten, schweren Betontunnel in einen dunklen, samtenen Stoffmantel hüllt. Die Ausstellungshalle fügte man im hinteren Bereich des Tunnels ein, wodurch sie sich nun im ehemaligen Eingangsbereich der Station befindet. Ein außergewöhnlicher Kontext hat eine Antwort generiert, die von brutalistischer Schönheit und zugleich äußerst treffend ist.

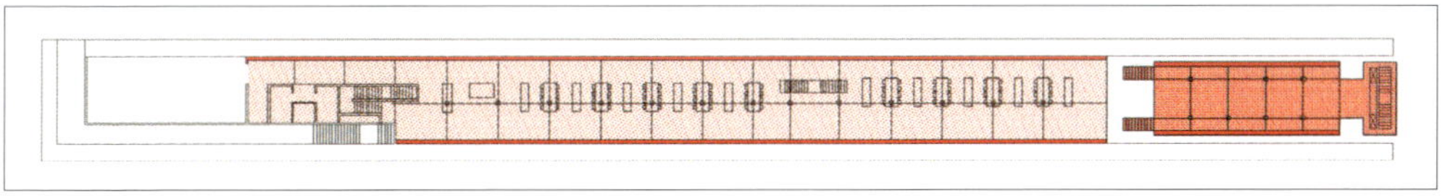

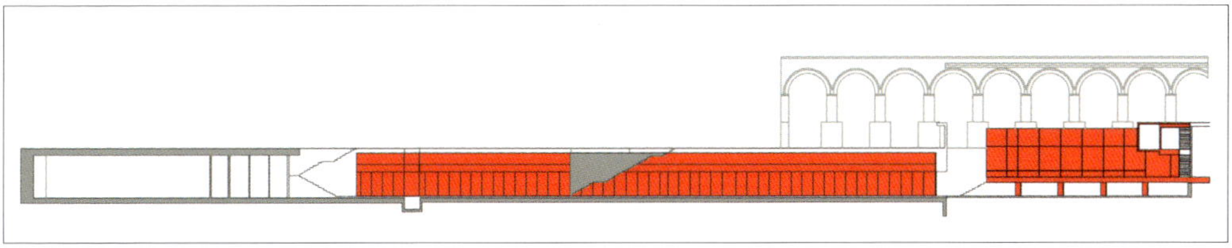

Oben:
Auditorium
Dramatik beherrscht die dreidimensionale Beziehung zwischen Auditorium und Gebäude.

Links:
Außenansicht
Der Eingang aus COR-TEN®-Stahl.

Mitte:
Plan
Der Plan zeigt den langen, schmalen unterirdischen Raum.

Unten:
Schnitt
Der unter den Rundbogen liegende Raum mit doppelter Höhe beherbergt das Auditorium.

Die frühere Funktion oder Verwendung eines Gebäudes oder Raumes kann die Neugestaltung beeinflussen. Die Erinnerung an eine frühere Existenz schafft wunderbare Interaktionen und Beziehungen innerhalb eines umgestalteten Gebäudes. Die Präsenz der Vergangenheit kann die Zukunft durchdringen und befreien.

Historie + Narration: Fallstudie 1

Name:
Museo Nacional de Arte Romano

Standort:
Merida, Spanien

Datum:
1989

Architekt:
Rafael Moneo

Die Erhaltung von Ruinen oder Fundstücken, die oft kulturelle und historische Bedeutung haben, kann die Triebfeder für das Design der Räume und Strukturen sein, die sie umgeben.

Die Stadt Merida wurde 25 v. Chr. gegründet. Ihr Einfluss im Römischen Reich war so groß, dass sie als Hauptstadt der Provinz Lusitania galt. Man errichtete in der Stadt einige kulturell und technologisch wichtige Bauwerke wie z.B. ein Amphitheater, eine Arena und ein spektakuläres Aquädukt. Ein Großteil der neuen Stadt wurde später direkt auf der alten Römerstadt erbaut, so auch das Museo Nacional de Arte Romano. Vor Beginn der Bauarbeiten, legten archäologische Untersuchungen des Baugeländes ein römisches Dorf, eine Nekropolis, Teile der römischen Hauptstraße und einen Abschnitt des San-Lazaro-Aquädukts frei. Die Erhaltung dieser Ruinen – als Zeugnisse früheren Lebens an diesem Ort – bildete einen wichtigen Aspekt für die Neugestaltungsstrategie des Museumskomplexes.

Das Muster bzw. der Hauptstraßenverlauf der neuen und der alten Stadt stehen in unterschiedlichen Winkeln zueinander. Moneo nutzte diesen Faktor und integrierte ihn als Merkmal in seine Konstruktion. Er errichtete das Untergeschoss über den ausgegrabenen Gebäuderesten. Das Museum wurde mit römischen Ziegeln verkleidet und erhebt sich in Form einer monumentalen römischen Säulenreihe aus dem Fundament der Ruinen. Die Bogen spannen sich behutsam über die antiken Wände der alten Römersiedlung. Der untere Raumbereich ist in gedämpftes Licht getaucht und strahlt durch den Kontrast zwischen dem strengen Rhythmus der neuen Wände und den alten Ruinen eine überwältigende Atmosphäre aus.

Das Gebäude setzt sich aus zwei Elementen zusammen, die fiktiv durch die Umrisse der antiken Römerstraße getrennt sind. Eine breite Laufbrücke, die über der alten Straße schwebt, verbindet sie miteinander. Dieses trennende und zugleich verbindende Element zwischen den Museumsseiten bildet den Hauptzirkulationsweg durch diesen Innenraum.

Alt und Neu – sie sind beide stark und monumental. Obwohl sie in einer ähnlichen Sprache aus den gleichen Materialien geschaffen wurden, bilden sie Gegensätze, die einander ergänzen.

Oben:
Erdgeschoss der Galerie
Die typische Ziegelform des alten Rom: lang und schmal.

Unten:
Haupthalle
Die Wand- und Bogenreihen kontrollieren und ordnen den von oben beleuchteten Raum.

„... schon in historischer Zeit standen nicht immer Dokumente zur Verfügung. Gebäude (Monumente, Konstruktionen im traditionellen Baustil und öffentliche Bauten) bilden selbst wichtige Texte, die nicht selten den ersten und nachhaltigsten Eindruck einer Kultur vermitteln."

Jorge Silvetti

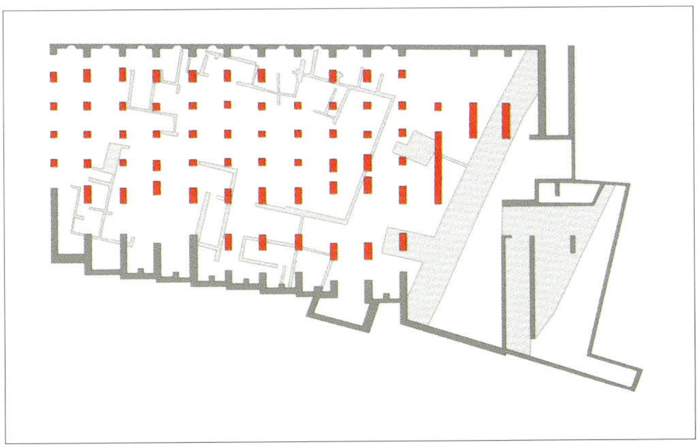

Oben:
Untergeschoss
Die neue Struktur spannt sich über die antiken Ruinen.

Links:
Plan
Die Ordnung des neuen Gebäudes wurde quer zum Muster der römischen Überreste angelegt.

Historie + Narration: Fallstudie 2

Name:
Museum of Childhood

Standort:
Bethnal Green, England

Datum:
2003–2006

Design:
Caruso St John Architects

Gebäude mit einer ungewöhnlichen und oft wechselvollen Geschichte liefern dem Designer eine Fülle aufregender Inspirationen für einen Designansatz.

Ursprünglich wurde das Museum of Childhood 1857 als South Kensington Museum auf dem Gelände des Victoria and Albert Museum in London gebaut, dem auch die Hauptverwaltung obliegt. Es wurde mit dem Gewinn aus der Weltausstellung 1851 finanziert und ähnelt in gewisser Hinsicht dem Gebäude von Joseph Paxton: drei teilverglaste Tonnengewölbe, die von einer gusseisernen Rahmenkonstruktion getragen werden. Als das V&A 1866 ein ehrwürdigeres Gebäude für eine Dauernutzung bauen ließ, demontierte man das Originalgebäude und baute es zehn Meilen östlich in Bethnal Green wieder auf, wo es bis heute steht. Man verwendete das Gros des Originalmaterials und ersetzte lediglich die ursprünglichen Wellblechwände durch neue Außenwände aus roten Ziegeln.

In der ersten Phase der Neugestaltung für das 21. Jahrhundert wurde die Hauptstruktur gereinigt und restauriert sowie der Mosaikmarmorboden mit dem Fischschuppenmuster repariert. Ein neues Mobiliar und farblich abgestimmte Vitrinen runden den Raum ab und laden die Besucher zum Dialog mit den Aktivitäten und Objekten um sie herum ein.

Die neue Ziegelfassade von 1866 fiel nicht wirklich zufriedenstellend aus: Bedingt durch das knappe Budget, wirkte sie nicht so einladend, kunstvoll oder flächig wie in den ursprünglichen Entwürfen des Architekten geplant. In der zweiten Phase der Neugestaltung nahm man sich dieses Problems an. Die Designer von Caruso St John konstruierten für das dringend benötigte Eingangsfoyer eine neue Loggia. Dieser Raum beherbergt die Lobby und einen neuen Galerieraum sowie Büros und sonstige Installationen.

Die Eingangsloggia strahlt orthogonale Modernität aus und bildet einen starken Gegensatz zum viktorianischen Gebäude. Man verarbeitete farbig gemasertes Gestein (Quarzit, verschiedene Porphyre und Schattierungen des Ancaster-Sandsteins), das mit höchster Präzision von denselben Steinmetzen verlegt wurde, die auch die Christ Church von Nicholas Hawksmoor in Spitalfields restauriert hatten. So entstand ein Verweis auf das bereits vorhandene Mosaik im Museum, den Originalentwurf von 1866 und die Vorliebe der Viktorianer für die Renaissance.

In der geplanten dritten Phase sollen die Büros im Südteil entfernt werden, um Platz zu schaffen für ein Café mit Garten und die Einbindung einer benachbarten Kirche, mit deren Hilfe das Gebäude wieder in die Mitte seiner Gemeinde zurückkehren soll.

Die verschiedenen Phasen der Neugestaltung des Museum of Childhood zielen darauf ab, das Gebäude zu „vervollständigen" und den begonnenen, aber noch unvollständigen Dialog mit seinem Kontext und seiner Historie weiterzuentwickeln.

Linke Seite:
Die neue Erweiterung
Das neue Foyer wurde dort platziert, wo sich ursprünglich das Portal befand.

Unten:
Zentrale Halle
Die Designer ordneten den Innenraum neu.

„Wir versuchen stets, auf etwas formellere Weise den Gedanken auszudrücken, dass Interpretation etwas sehr Mächtiges ist. Bei der Interpretation von Tradition ging es immer darum, wie man Kunst und Architektur schafft."

Adam Caruso

Oben:
Wandtäfelung
Das Mosaikdesign spiegelt das Mosaikmuster des Bodens wider.

Verbindungen zur Außenwelt

Die Beziehungen zwischen dem Innen- und Außenbereich eines Gebäudes sind sehr wichtig. Denn das Innere ist kein autonomer Raum ohne jegliche Verbindung zu seinem Umfeld. Innenraumdesigns können ein aussagekräftiges Band zwischen Objekten und auch Menschen knüpfen, das über die eigentlichen Grenzen des unmittelbaren Raumes weit hinausreicht.

Verbindungen zur Außenwelt: Fallstudie 1

Name:
Kerzenladen Retti und Juweliergeschäft Schullin

Standort:
Wien, Österreich

Datum:
1964–1965 und 1972–1974

Architekt:
Hans Hollein

Insbesondere in Einzelhandels- und Ladenumgebungen steht der Innenraum in der Regel in starkem Bezug zu der Straße, in der er seinen Standort hat.

Hans Hollein hat zwei herausragende Ladenräume kreiert, die ähnliche Eigenschaften aufweisen: Bei beiden wird der Raum ökonomisch genutzt, ihre materiellen Qualitäten stechen aus der Masse heraus, und ihre Beziehungen zur Straße zeugen von höchsten Ansprüchen.

Der Kerzenladen Retti liegt in einer der vornehmsten Einkaufsstraßen Wiens: dem Kohlmarkt. Eine Blende aus gebürstetem Aluminium verbirgt bewusst das Auslagenfenster. In die Mitte dieser Blende wurde ein T-förmiger Eingang gestanzt, in dem eine Glastür axiale Sichtlinien in das Herz des Geschäfts eröffnet. Auf beiden Seiten des Eingangs befindet sich jeweils eine kleine Vitrine, die sich etwas vom Aluminiumportal abhebt. Diese Vitrinen konzentrieren den Blick ganz direkt und streng auf die ausgestellten Objekte, wodurch ihr Wert betont wird, während sie gleichzeitig jede räumliche Verbindung zwischen Schaufenster und Geschäft absichtlich aufheben. Passanten werden nicht von einer grellen Auslage erschlagen, sondern vielmehr vom Eindruck der Distanziertheit und des Kostbaren fasziniert. Der Eingang ist genauso wie die Fassade in Aluminium gefasst. Dadurch wird der Moment des Eintretens zu einem Erlebnis, das jede normale Kauferfahrung weit übertrifft. Die Beziehung des Ladens zur Straße wird so bewusst übertrieben, und der Blick des Betrachters wird durch die Strenge des Ladenportals und den axialen Fokus konzentriert.

Das Juweliergeschäft Schullin liegt ebenfalls in Wien. Auch sein Standort ist schmal – mit einem kleinen rechteckigen Innenraum. Hollein arbeitete wieder mit einer Blende, um die Größe des Schaufensters zu verkleinern, damit sich der Blick der Passanten auf den Schmuck konzentriert und der Wert der ausgestellten Objekte betont wird. Der Architekt ließ die schwarzbraune Fassade aus poliertem baltischem Granit „spalten" und in den Sprung Einlagen aus poliertem Messing und Stahl einarbeiten. Diese Spalte spielt auf die Tiefe der Fassade an und erzählt von dem geologischen Verfahren zur Gewinnung der wertvollen Steine, die nun geschliffen im Innenraum präsentiert werden. Die Ein- und Auslassrohre für die Klimaanlage integrierte der Architekt ebenfalls geschickt in diesen Sprung. Die Spalte verläuft von oben nach unten über die Fassade und erstreckt sich in die Tiefe der neuen Ladenfront. Sie mündet in die Messingplatte der Eingangstür und lässt das Auge vom Äußeren über die Ladentür bis in den Innenraum wandern. Die Beziehung zwischen innen und außen ist sowohl reduziert als auch konzentriert – ein Design, das die Charakteristik des Schmuckkästchens sowie die Kostbarkeit der darin enthaltenen Objekte hervorhebt.

„Hans Hollein [ist] ein Meister seines Fachs – jemand, der mit Witz und eklektischem Gusto ebenso bereitwillig aus Traditionen der Neuen Welt schöpft wie aus jenen der Alten. Ein Architekt, der auch Künstler ist …"

Pritzker Jury anlässlich der Verleihung des Pritzker Architecture Prize 1985

Links:
Kerzenladen Retti
Die Fassade wirkt, als wäre sie aus dem Innenraum herausgepresst worden.

Rechts:
Juweliergeschäft Schullin
Die Fassade scheint direkt aus dem Stein gehauen zu sein.

Linke Seite:
Fassadendetail
Die tiefe Spalte im Gurtsims ist erlesen verarbeitet.

„Ein Außenraum wird zu einem besonderen Außenzimmer, wenn er gut umschlossen ist von den Wänden des Gebäudes – Wänden aus Laubwerk, Säulen, einem Spalier und dem Himmel. Und wenn das Außenzimmer mit dem Innenraum zusammentrifft, entsteht ein durch fast nichts unterbrochener Lebensraum."

Christopher Alexander

Verbindungen zur Außenwelt: Fallstudie 2

Name:
STUK Performing Arts Centre

Standort:
Löwen, Belgien

Datum:
2002

Design:
Neutelings Riedijk Architects

Eine bestehende Route oder ein gemeinsam genutzter Raum können als Bindeglied zwischen einem Gebäude und seiner Umgebung sowie anderen umliegenden Gebäuden fungieren.

Das STUK wurde mit großer Sorgfalt in eine Sammlung alter Universitätsgebäude auf einem steilen Hügel im Stadtzentrum von Löwen eingefügt. Die Arbeit an diesem Projekt beinhaltete eine komplexe Kombination aus Demontage, Wiederverwertung und Neubau. Das ursprüngliche Gebäude aus der Zeit der Jahrhundertwende wurde mit seiner Front zur Straße hin erhalten und als Rahmen für ein Theater, Tanzstudios, ein Café und den Empfangsbereich neu gestaltet. Vor diesem Zentrum für Kunst stellte man große, schlichte Stahllettern auf, die seine neue Bestimmung ankündigen. Einige unwichtige Gebäude auf der Rückseite wurden abgerissen und neue Bauten mit Umsicht auf der schwer zugänglichen Baustelle errichtet.

Die neuen und alten Gebäude sind um mehrere Höfe herum angeordnet, sodass über diese Höfe nicht nur Alt und Neu miteinander verbunden sind, sondern der gesamte Standort vernetzt ist. Der neue Komplex ist zu einer „Stadt in der Stadt" geworden, eine architektonische Promenade durch Zimmer, Höfe oder Räume, die alle ihre eigene Atmosphäre atmen. Die Designer sorgten absichtlich dafür, dass in diesem Flickenteppich aus Gebäuden von jedem Komplexteil aus Zugang zu einem Hof besteht. Folglich sind die Räume zwischen den Bauten ebenso wichtig wie die in ihrem Inneren: Jedes Gebäude verfügt über eine eigene Tür zu einem Hof. Dieses Designelement bestärkt die Politik des Kunstzentrums als Verkettung formaler und informaler Räume für Experimente und Interaktionen.

Tagsüber herrscht geschäftiges Treiben in den Räumen, aber nachts und bei gutem Wetter verwandeln sich die Höfe in Orte für gemeinschaftliche Aktivitäten. Die großen, breiten Treppen in den Höfen führen nicht nur in die oberen Stockwerke, sondern dienen auch als Sitzplätze für die Besucher von Veranstaltungen und Filmvorführungen unter freiem Himmel. Die ungewöhnliche Topografie der Hügellage hat das gestufte Design der Flächen und Räume beeinflusst und zur komplexen Gestaltung der Ebenen im Museum beigetragen.

Dieses Projekt ist typisch für die niederländische Vorstellung von Größe und deren implizite Idee, dass es kaum einen visuellen Unterschied macht, ob man ein Gebäude (bzw. einen Innenraum) aus der Nähe oder einiger Entfernung betrachtet. Die Detailausprägung ist sehr sorgfältig kontrolliert, die Nahtstellen sind minimal. Das Design der Materialien erweckt den Eindruck reiner, klarer Flächen, die nahezu keine Eingriffe oder Brüche aufweisen. Diese Sprache findet sich häufig in Neutelings Riedijks Arbeit: Modernismus in Extremform – Gebäude, die von jedem Blickwinkel aus gleich wirken. Dieser Stil bildet einen starken Kontrast zu interpretierenderen Methoden, mit denen Designer wie Scarpa, Kelly oder Zumthor arbeiten.

Linke Seite:
Schriftzeichen
Das kühne grafische Element kennzeichnet die Straßenfassade des Gebäudes.

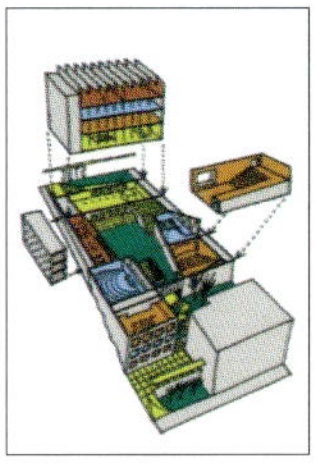

Oben:
Vertikale Zirkulation
Die Treppen bilden gewagte und dynamische Elemente innerhalb des Raumes.

Oben:
Der Hof
Jede Gebäudefassade verfügt über einen Zugang zum Hof.

Unten:
Belebter Raum im Hof
Der Hof bietet einen Gemeinschaftsraum für Filmvorführungen und Veranstaltungen.

Links oben:
Konzeptzeichnung
Das Gebäude ist eine Kollektion verschiedener eigenständiger Elemente.

Rechts oben:
Plan
Digitaler Entwurf des Gebäude-„Teppichs".

Schwelle

Die Beziehung zwischen dem Inneren und dem Äußeren eines Gebäudes tritt im Allgemeinen am extremsten an der Schwelle zutage. Die Eingangstür eines Gebäudes markiert z.B. den Augenblick des Übertritts von der öffentlichen Außenwelt in den privaten Innenraum. An diesem Punkt vollzieht sich ein psychologischer, fast unbewusster Wandel – der Besucher wird ruhiger, die Bewegung verlangsamt sich, und die Materialien und Oberflächen innerhalb des Gebäudes spiegeln den kleineren inneren Fokus wider. Der Designer kann diesen Moment verlängern und nutzen, indem er den Übergangspunkt streckt und sicherstellt, dass der Besucher oder Nutzer den Übertritt von der öffentlichen Straße in den privaten Innenraum bewusst erlebt.

Schwelle: Fallstudie 1

Name:
The Haçienda nightclub

Standort:
Manchester, England

Datum:
1982

Design:
Ben Kelly Design

Der Designer kann die Bewegung von der Außenwelt in den und durch den Innenraum fördern, indem er das Instrument der sogenannten architektonischen Promenade einsetzt. Mit dieser lädt er den Besucher oder Nutzer ein, die Reise als Aneinanderfügung verschiedener und doch verbundener Räume zu erleben.

In den 1980er Jahren existierten in Manchester keine Nachtclubs. Stattdessen gab es „Discos“, glamouröse, pompöse Orte mit strengen Kontrollen an den Türen. Dann designte das Studio Ben Kelly das Haçienda. Es war ein dreidimensionales Spiegelbild des Besitzers Factory Records: innovativ und visuell skandalös. Ein neuer Typus von Treffpunkt entstand, an dem man Musik hören, trinken, essen und vor allem tanzen konnte. Der Club war ein riesiger, alter umgebauter Ausstellungsraum für Yachten, der an eine Lagerhalle erinnerte und nichts mit einer Disco gemeinsam hatte.

Die architektonische Promenade im Haçienda ist an Theatralik kaum zu überbieten. Von der Straße aus konnte man den Club fast nicht erkennen; die Clubgänger gelangten durch eine kleine, dunkle Tür in eine enge Lobby, von dort in einen etwas größeren Bereich und dann:

„… in eine gewaltige, kathedralenartige Halle, die dieses Erlebnis steigert und aufbauscht, es überwältigt dich, sobald du eintrittst, es reißt dich einfach mit.“

Diese Arbeit ist typisch für Ben Kelly Design. Die Bewegung ist linear, und der Ansatz dieser Designer basiert oft auf der Bewegung und Zirkulation von Menschen durch einen Innenraum. Räume werden in Abfolgen kreiert, als Progression von Szenen, die der Nutzer belebt. Jeder ist mit dem vorherigen über die thematische Verwendung von Materialien, Texturen und Farben verbunden, aber jeder hat eine eigene, erkennbare Atmosphäre.

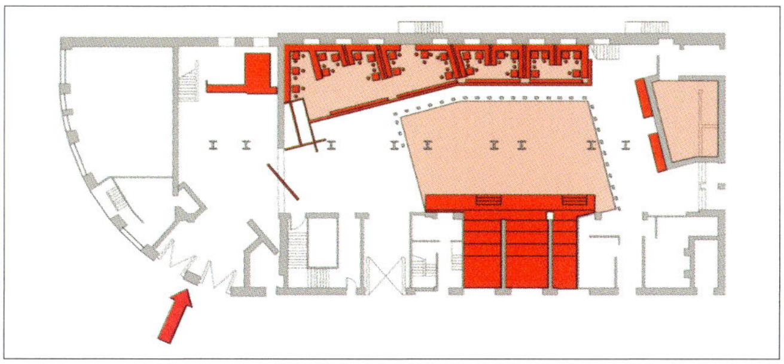

Linke Seite:
Innenraum des Clubs
Der höhlenartige Tanzbereich im Lagerhallenstil, vom Foyer aus gesehen.

Oben:
Tanzbereich
Das Eingangsportal ist hinter dem Schwingboden zu sehen.

Mitte:
Bühne
Die Bühne verkörpert die kühne industrielle Metaphorik des Nachtclubs.

Unten:
Plan
Die Zeichnung veranschaulicht die Reise durch den Innenraum.

Schwelle: Fallstudie 2

Name:
Parfümerie
Comme des Garçons

Standort:
Paris, Frankreich

Datum:
1998

Design:
Future Systems (Außenraum)
Rei Kawakubo &
Takao Kawasaki (Innenraum)

Das Design kann die Reise zwischen Innen- und Außenraum ausdehnen, sodass wir sie als Folge sanfter Schritte oder Episoden erleben. Umgekehrt kann die Enthüllung des Inneren am Übertrittspunkt aber auch zur Überraschung oder sogar zum Schock werden.

Future Systems, Rei Kawakubo und Takao Kawasaki kreierten mit dem Design ihrer Parfümerie Comme des Garçons erfolgreich ein solches Erlebnis.

Das Geschäft befindet sich im Erdgeschoss eines Apartmenthauses. Das Äußere wurde relativ grob behandelt: Die Eingangsbogen des Gebäudes wurden gereinigt und alle Türen und Fenster entfernt. Dann befestigte man kurzerhand riesige quadratische Platten aus Verbundglas an der Steinfassade. Diese flächigen Glasplatten wurden nicht auf die Öffnungen zugeschnitten, sondern als transparente Wand oder Schleier konzipiert. Die Architekten setzten das Design vor die Gebäudefront, sodass die Glasplatten bis zum Gesims hin anlagen, um die Fassade des Erdgeschosses vollständig zu verhüllen. Zwischen die Verbundglasplatten wurde eine pinkfarbene Folie gelegt, die sowohl die Wände des weißen Portlandsteins als auch den Ladeninnenraum in rosa Licht taucht.

Auf der Schwelle aber entpuppt sich der rosafarbene Innenraum als Trick: Das Ladeninnere ist nüchtern und weiß. Die Regale sind aus glänzend weiß gestrichenem Stahl gefertigt und grell beleuchtet, wodurch der Gegensatz zwischen Innen- und Außenraum eine maximale Intensivierung erfährt. Die Verkaufsstücke sind auf das absolute Minimum reduziert und werden in zwei tiefen Schlitzen präsentiert, die in das geschwungene Stahlelement geschnitten wurden.

„Meine Läden sind für Menschen konzipiert, die ihre Energie aus dem Tragen unserer Kollektionen beziehen, die gerne Risiken eingehen“, sagt Rei Kawakubo – gewiss erfordert es einiges an Mut, diese dramatische, kontrastreiche Schwelle zu überschreiten.

Oben:
Ladenfassade
Das rosafarbene Glas verdeckt die gesamte Front des Geschäfts.

Rechts:
Eingang in das Geschäft
Die Befestigungen sind minimal, die flächigen Eigenschaften des Glases werden nicht gestört.

Unten:
Konzeptzeichnung
Die zwei nebeneinanderstehenden Elemente formen das Design des Geschäfts.

Schwelle

Der Übergangspunkt zwischen innerem und äußerem Raum wird meist als Schwelle zwischen diesen zwei Räumen definiert. Eigentlich kann man jeden Eingang als Schwelle bezeichnen, da der Terminus nicht selten als Metapher für den Beginn eines Abenteuers benutzt wird.

Visuelle Verbindungen

Ein Innenraum steht fast immer in einem Bezug zu seiner Außenwelt. Er bezieht sich nicht nur auf sich selbst, sondern auch auf weiter entfernte Objekte. Durch Fenster und andere Öffnungen ergeben sich Ausblicke, die Verbindungen zu nahen als auch zu weiter entfernten Objekten aufbauen.

Visuelle Verbindungen: Fallstudie 1

Oben:
Kubus im Kontext
Der Kubus markiert ein dramatisches Element in einer atemberaubenden Szenerie.

Name:
GucklHupf

Standort:
Mondsee, Österreich

Datum:
1993

Design:
Hans Peter Wörndl

Hin und wieder kreiert der Designer einen Innenraum, der die Blicke auf seine Umgebung steuert und einrahmt.

„Gucken: sehen, beobachten; Hupfen: hüpfen."

Eine sehr fremdartige Struktur, die 1993 für das oberösterreichische „Festival der Regionen" entworfen wurde, etabliert ein enges Verhältnis mit der Landschaft. Das Festivalmotto lautete „Das Fremde", was zahlreiche Künstler mit Performances, Ausstellungen, Workshops und Kunstinstallationen interpretierten. Auf einem Hügel mit Blick über den Mondsee konzipierte und errichtete Wörndl mit zwei Freunden einen Pavillon, der dem Fremden gewidmet ist. Sie verzichteten bewusst auf Baukonventionen und errichteten den Kubus ohne Pläne Stück für Stück. Sie änderten zwar Details während des Aufbaus, verloren jedoch nie das ursprüngliche Konzept aus den Augen – das fertige Objekt sollte die Vieldeutigkeit des Festivalmottos verkörpern.

Der zweistöckige Holzpavillon wurde als Ort der Beobachtung und Meditation entworfen. Die Konstruktion des 4 x 6 x 7 m großen Gebäudes beruht auf einem mit Sperrholzpaneelen verkleideten Holzgerüst. Man kann diese Paneele mit Rollen, Zugbändern und Hebeln öffnen und schließen, sodass der Kubus entweder ganz geöffnet oder geschlossen ist oder irgendein Stadium dazwischen annimmt.

Von seinem Inneren aus kann der Besucher die Ausblicke über die atemberaubende Landschaft steuern und rahmen, indem er die Wände wie gigantische Bilderrahmen behandelt und ganz nach seinen Wünschen arrangiert. Der Betrachter kontrolliert die Beziehung zur umliegenden Landschaft, während er sich selbst im Schutz der kleinen, verstellbaren Struktur verbirgt.

Oben:
GucklHupf
Die Sequenz zeigt das schrittweise Auffalten.

Von oben nach unten:

Blick vom Balkon
Waghalsig ragt der Treppenabsatz aus dem Glockenturm heraus.

Innenansicht vom Balkon aus
Der Stil des Einbaus ist industriell und robust.

Zirkulation über die Treppe
Die drei Abschnitte der Treppe sind klar erkennbar.

Oben:
Gipfelanstieg
Der letzte Aufstieg wirkt dramatisch und sieht gefährlich aus.

Rechte Seite:
Schnitt
Die Treppenkonstruktion setzt sich aus drei Teilen zusammen.

„In jedem Augenblick gibt es mehr, als das Auge sehen, als das Ohr hören kann, ein Setting oder einen Ausblick, die darauf warten, entdeckt zu werden. Nichts wird durch sich selbst erfahren, sondern immer in Bezug auf das Umfeld, die Folge von Ereignissen, die zu ihm führten, die Erinnerung an gemachte Erfahrungen."

Kevin Lynch

Visuelle Verbindungen: Fallstudie 2

Name:
Regionalmuseum
Santa María la Real

Standort:
Nájera, Spanien

Datum:
1987

Design:
Studio Bellosillo/Balluffi

Die Beziehungen mit dem Areal, das ein Gebäude umgibt, können offensichtlich und eindeutig gestaltet werden, aber gelegentlich kann der Designer diese Verbindung auch absichtlich hinauszögern. Auf diese Weise hat der Betrachter oder Nutzer die Möglichkeit, sich an die insularen Eigenschaften des Raumes zu gewöhnen, wodurch der Augenblick der Enthüllung umso reizvoller wird.

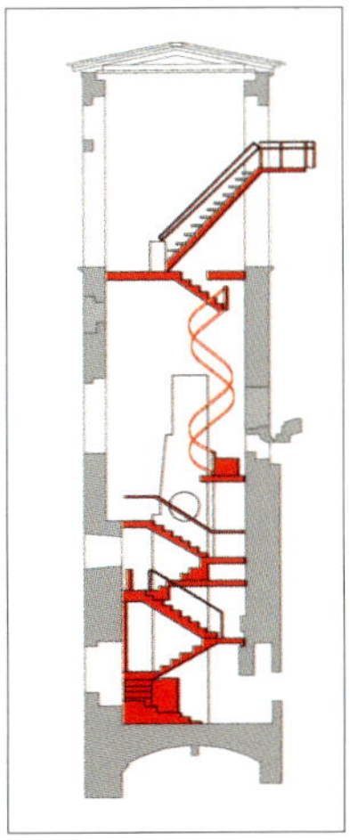

Das Kloster Santa María la Real wurde im 11. Jahrhundert gegründet. Es wurde um eine Höhle in einem der umliegenden Sandsteinhügel gebaut, in der sich der Legende nach ein Wunder zutrug: Der junge König García betrat während der Jagd die Höhle und fand dort eine Statue der Jungfrau Maria mit einer Vase voller Lilien. Er widmete alle seine folgenden zahlreichen Siege dem Kloster, das an dieser Stelle gegründet wurde. Das Originalgebäude wurde mehrmals verändert und erweitert, einschließlich eines besonders misslungenen, nie fertiggestellten Umbaus in den 1970er Jahren.

Bellosillo und Balluffi erhielten 1987 den Auftrag zur Neugestaltung des Gebäudekomplexes. Dieses Projekt beinhaltete den Entwurf eines Museums für religiöse Werke aus der Region Rioja, eine Bibliothek für das noch intakte Kloster, die Reparatur des eingefallenen Klosterdachs und die Wiederherstellung der vertikalen Zirkulation im Glockenturm. Die Designer platzierten das Museum im Obergeschoss des Refektoriums. Sie verwerteten die erbarmungslose Sanierung aus den 1970ern, bei der die Bogendecke entfernt wurde, für den neuen Innenraum und hängten ein Zwischengeschoss an die Betonstreben, die als Deckenersatz dienten.

Das faszinierendste Element der Neugestaltung ist jedoch die Wiederherstellung der vertikalen Zirkulation im Glockenturm. Die vorhandene Treppe in dem schmalen Schacht des hohen Turmes wurde entfernt und eine neue dreiteilige Treppe in den Raum eingefügt. Der untere Treppenteil ist schwer und aus solidem Beton gefertigt. Über diesem festen Element steigt eine Wendeltreppe an, die frei im Raum zu hängen scheint. Der dritte Abschnitt dieses Aufstiegs wurde aus leichtem verzinkten Stahl konstruiert. Die Treppe erhebt sich gewagt von einer einzigen Wange bis zum sanften Anschlag an einen schwebenden Gitterbalkon, der aus der oberen Öffnung des Glockenturms herausragt. Erst von diesem Aussichtspunkt aus erschließt sich dem Besucher die Geschichte und der Wandel des Klosters sowie seine Verbindung zu den Sandsteinhügeln und der heiligen Höhle.

Bewegung

Bei der Bewegung innerhalb eines Gebäudes oder Raumes geht es nicht nur darum, von einem Ort zum nächsten zu gelangen – sie ist vielmehr eine Chance zum Ergründen und Zelebrieren. Jedes Gebäude hat seinen eigenen inneren Kontext, eine Fügung von Räumen, die sich alle aufeinander und auch auf den äußeren Kontext beziehen. Dieser Bezüge erzählen eine Geschichte über das Gebäude, auf Grundlage einiger Blicke oder Sichtlinien, die man kontrolliert und manipuliert.

Oben:
Die Promenade
Am Anfang der Reise führt die Rampe den Besucher auf die Bühne.

Rechts:
Parallelperspektive
Die Parallelperspektive veranschaulicht die Narration, die mit der Reise durch den Raum angestrebt wird.

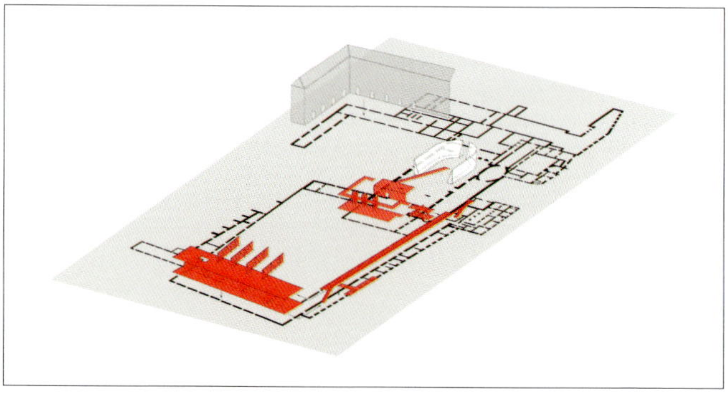

Bewegung: Fallstudie 1

Name:
Galleria Nazionale

Standort:
Parma, Italien

Datum:
1987

Design:
Guido Canali

Eine Familie von gegensätzlichen, aber verbundenen Elementen kann die ungleichen Teile eines Gebäudes zusammenhalten. Elemente der Zirkulation wie Treppen, Brücken und Korridore, die alle in einer ähnlichen Sprache mit dem Gebäude kommunizieren, dienen als Bindeglieder und geben den Räumen eine Verbindung.

Ranuccio I. Farnese erbaute 1583 den ursprünglichen Palazzo della Pilotta. Der Palast ist über die Jahrhunderte gewachsen, hat sich verändert und stellt heute eine Verschmelzung unterschiedlicher Gebäude, Räume, Stile und Funktionen dar. Der riesige Komplex beherbergt heute die Nationalgalerie von Parma, das Bodoni Museum für Druck und Typografie, das Nationale Archäologische Museum, die Palastbibliothek und das berühmte Farnese Theater. Das Theater aus Holz stammt aus dem 17. Jahrhundert und ist ein meisterliches Beispiel eines klassischen Kulissentheaters der Renaissance mit einem halbrunden Auditorium und einem prachtvollen, gebogenen Proszenium.

Die Nationalgalerie befindet sich inmitten dieses unharmonischen Raum- und Gebäudekomplexes und überschneidet sich an einigen Punkten mit den anderen Museen und Institutionen.

Ein gewisses Maß an Integration und Kontrolle war nur durch die Genialität des Zirkulationswegs möglich, den Canali initiierte.

Die Reise beginnt im spektakulären Theater Farnese, wo eine lange, schlanke Rampe den Besucher auf die Bühne und somit zum Ausgangspunkt für den Weg durch das Museum einlädt. Ein erhöhter Laufsteg führt durch den Bereich hinter der Bühne und lässt den Blick über den Boden zurück in das Theater schweifen. Der Besucher überquert dann eine kleine Brücke mit Aussichten auf die äußere Umgebung, die ihn schließlich in eine völlig andere Erfahrung eintreten lässt: einen langen, schmalen Ausstellungsraum mit Gemälden und Skulpturen.

Am Ende dieses unglaublich lang gestreckten Raumes wartet eine weitere Enthüllung – eine Halle mit gewaltigen Dimensionen, die einst die Stallungen beherbergte. Frühere Restaurierungen beschädigten ihre Statik, so stützte man sie mit einem Gerüst ab, in das ein Boden mit einem temporären Ausstellungsraum eingezogen wurde. Der Übergang von den Stallungen in das Theater führt den Besucher durch eine lange Ausstellungshalle in der oberen Ebene, durch die er schließlich wieder in das Theater gelangt.

Diese fesselnde Reise verläuft über eine Konstruktion aus Treppen, Brücken, Rampen und Laufstegen. Diese Zirkulationselemente vereinen die unharmonische Raumgruppe und schaffen einen in sich geschlossenen Innenraum.

Oben:
Der Galerieflügel
Der schmale, lange Raum wird durch die ausgestellten Gemälde durchbrochen.

Unten:
Die Ausstellung
Der düstere Hintergrund verstärkt die Dramatik der Gemälde.

Bewegung: Fallstudie 2

Name:
Mémorial des Martyrs de la Déportation

Standort:
Paris, Frankreich

Datum:
1962

Design:
G.H. Pingusson

Der Designer kann die Bewegung der Besucher eines Ortes kontrollieren, um in einem kleinen und eng begrenzten Raum hoch emotionale und tief bewegende Eindrücke zu wecken.

Die Ile de la Cité ist eine Insel in der Seine. An ihrem einen Ende steht die Kathedrale Notre-Dame und flussaufwärts am anderen Ende das Mémorial des Martyrs de la Déportation. Es ist ein ernster, stiller Ort, abgeschottet von den Bussen und Touristengruppen, die vor der Kathedrale warten. Das Monument ist eine Gedenkstätte für die 200 000 französischen Juden, die während des Zweiten Weltkriegs in Konzentrationslager deportiert wurden.

Die Gedenkstätte liegt teilweise unter der Wasserlinie. Sie wurde in die Insel hineingebaut und ist nur über eine gefährlich schmale Treppe erreichbar, die auf beiden Seiten von Wänden aus grobem, gestocktem Beton umschlossen ist. Der kahle, gepflasterte Hof am Ende der Treppe lindert die klaustrophobische Erfahrung beim Hinabsteigen nur kurz. Die Wände der Gedenkstätte sind hoch genug, um den Blick auf die Stadt zu versperren und das Auge stattdessen auf eine metallgespickte Skulptur am Ende des Raumes zu lenken. Ein offenes Gitter am unteren Ende dieser gibt den Blick frei auf den Fluss. Die Geschwindigkeit des Wassers wird so wahrnehmbar und wirkt beunruhigend.

Dem Monument gegenüber liegt ein dunkler Raum. Dieser Raum enthält 200 000 Quarzkiesel – einen für jeden Toten und gleichzeitig eine Erinnerung an die jüdische Tradition, einen Kiesel oder Stein auf ein Grab zu legen. Eine Bronzeplatte für den „unbekannten Deportierten“ ist in den Boden eingelassen.

Pingusson artikuliert die Bewegung des Besuchers durch den Ort sehr behutsam, um die räumliche Narration der Gedenkstätte zu veranschaulichen. Die enge, klaustrophobische Treppe und der offene, doch fokussierte Hof drücken Desorientierung aus, während die starre Skulptur Aggression und Internierung impliziert. Die Verbindung zum Fluss ermöglicht die Flutung des Hofes und bindet den Raum an das Kommen und Gehen seines Kontexts.

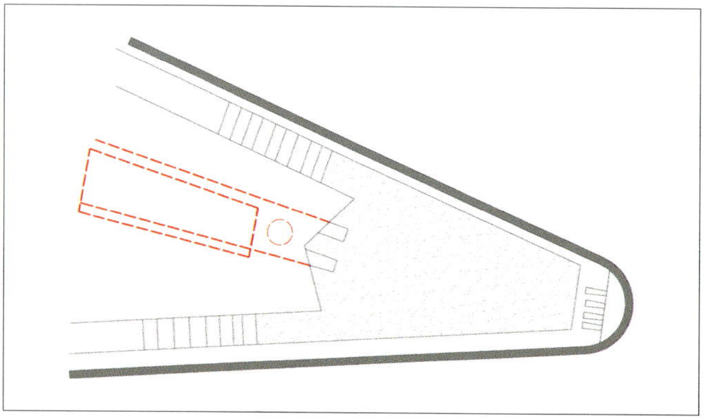

Oben:
Eingang in die Kammer
Die Schwelle signalisiert Einschränkung und Verbot.

Links:
Plan
Die schlichte Organisation des Innenraums steht im Kontrast zur Dramatik des Ortes.

Narration
Die architektonische Narration ist ein Instrument, mit dem man die Geschichte eines Gebäudes beschreibt. Sie umfasst in der Regel eine Reihe von Ereignissen, die Schritt für Schritt die Natur oder den Charakter eines Raumes, Gebäudes oder Komplexes enthüllen. Der Designer kann die unterschiedlichsten Dinge kommunizieren – die Geschichte, die Geologie oder Geografie, die Marke oder Identität oder die Beziehung zu anderen Elementen.

Links:
Inneres der Kammer
Tausende von Glassteinen erhellen die dunkle Kammer.

Rechts:
Der Hof
Der kleine Käfig an der Vorderseite des Raumes gewährt den einzigen Ausblick auf den Fluss.

Die natürliche Welt, die ein Gebäude umgibt, beeinflusst die Atmosphäre und die Qualitäten eines Innenraums maßgeblich. Die Kontrolle der Umwelteinflüsse innerhalb eines Raumes fällt nicht automatisch in die Zuständigkeit eines Ingenieurs. Man kann sie durchaus zu den wesentlichen Komponenten des Designprozesses zählen. Bestimmte Umweltbedingungen wie Klima, Licht und Temperatur können ein gutes Design ergänzen und sich bei der Gestaltung vorteilhaft auf den Raum auswirken. Die Materialauswahl und die Manipulation der Orientierung und der Standrichtung spielen ebenfalls eine wichtige Rolle für die Stimmung und den Komfort eines Raumes.

Name:
H2O Expo, Süßwasserpavillon
(s.S. 072+073)

Standort:
Neeltje Jans, Niederlande

Datum:
1997

Design:
NOX Architecture

Klima
Das Klima beeinflusst die Qualität des Innenraums in ganz unmittelbarer Weise. Es müssen daher immer die entsprechenden Maßnahmen ergriffen werden, damit ein angemessener Komfort in den Räumen herrscht. Hierzu zählen die Temperaturkontrolle, die Regulierung der Wärmezufuhr und der Schutz vor Regen, Wind, Schnee und übermäßiger Hitze.

Licht
Durch die Kontrolle und Manipulation des natürlichen Lichtes kann man eine Atmosphäre der Exklusivität oder eine dramatische Stimmung erzeugen. Die Qualität des natürlichen Lichtes variiert mit den Jahreszeiten: Die tief stehende, schwache Wintersonne ist willkommen und wärmend, wenn sie weit in das Herz des Raumes scheint, die Intensität der hohen, grellen Sommersonne hingegen ist unangenehm und weckt das Bedürfnis nach Schatten.

Temperatur
Menschen fühlen sich nur innerhalb einer eng begrenzten Temperaturspanne wohl. Aus diesem Grund müssen Architekten in ihren Entwürfen seit jeher die Temperaturregulierung für das Wohlbefinden der Nutzer berücksichtigen. Diese Mechanismen wurden seit der Römerzeit immer ausgeklügelter und beziehen häufig die Nutzung und Kontrolle natürlicher Ressourcen mit ein.

Orientierung
Der Designer kann die Position des Raumes oder Gebäudes manipulieren, indem er die Haupträume weg von ungünstigen Parametern hin zu günstigen ausrichtet. Dabei kann es sich um die Sonneneinstrahlung, die Witterung oder eine Antwort auf kontextuelle Eigenschaften handeln.

Blick/Standrichtung
Der Raum kann auf ein besonderes physisches Wahrzeichen oder einen bestimmten Ausblick ausgerichtet sein: eine Antwort auf die Standrichtung.

Materialien
Die Materialen, die zum Bau eines Raumes verwendet wurden, haben eine tief greifende Wirkung auf die innere Umgebung. Physikalische Faktoren wie Akustik, Temperatur und Licht werden durch sie verändert. Außerdem tragen die Materialien zur Schaffung der Atmosphäre bei und verbinden den Raum mit seinem Kontext.

Rechte Seite:
Alhambra (Rote Burg), Granada, Spanien (s.S. 074+075)

Die Wetterbedingungen am Standort eines Gebäudes oder Innenraums beeinflussen Raumqualität und Komfort. Ein stickiger, zu heißer oder auch zu kalter Raum ist ungemütlich und als Lebens- oder Arbeitsbereich ungeeignet. Der Designer steht immer wieder vor der Herausforderung, exzellentes Design mit Nutzerkomfort zu verbinden. Die Techniken zur Bewältigung dieser Aufgabe werden immer ausgereifter und nachhaltiger in ihrer Umweltverträglichkeit. Im letzten Teil des Buches werden diese Strategien detailliert behandelt.

Unten:
Die Kuppel in der Nacht
Die spiralförmige Rampe und der auf dem Kopf stehende Kegel sind deutlich sichtbar.

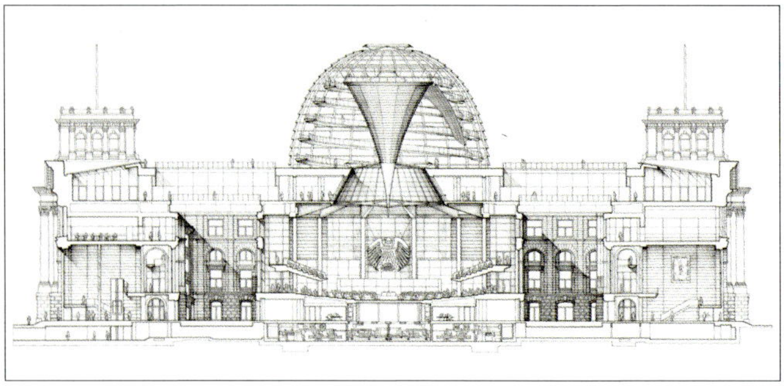

Oben:
Inneres der Kuppel
Die durchsichtige, dreifach verglaste Kuppel eröffnet atemberaubende Blicke über die Dächer von Berlin. Beachten Sie den beweglichen Sonnenschutz auf der linken Seite.

Links:
Schnitt
Der unmittelbare Bezug, in dem Kuppel, Kegel und Plenarsaal zueinander stehen, ist klar erkennbar.

> „Der spektakuläre Plenarsaal bildet das Herz des Gebäudes. Darüber erhebt sich die Kuppel, die zwar keine Restauration der 1938 durch Feuer zerstörten darstellt, trotzdem aber das Gedenken an die Vergangenheit wahrt."
>
> **Kenneth Powell**

Klima: Fallstudie 1

Name:
Reichstagskuppel

Standort:
Berlin, Deutschland

Datum:
1999

Design:
Foster + Partners

Design ist oft ein Balanceakt zwischen der Nutzung von bestimmten Umweltbedingungen und dem Schutz vor diesen.

Der Reichstag bzw. das neue deutsche Parlamentsgebäude ist ein weithin bekannter Bau, den man in der Berliner Skyline leicht erkennt. Die sich aus der Mitte des Gebäudes erhebende Glaskuppel gilt als Synonym für die deutsche Wiedervereinigung und ist somit ein Symbol der Freundschaft und Demokratie. Foster + Partners entwarfen die Kuppel 1999 als integralen Bestandteil der Renovierung und Modernisierung eines Gebäudes, das 50 Jahre lang nicht genutzt worden war und nun wieder als Regierungssitz dienen sollte.

Der Originalbau des Frankfurter Architekten Paul Wallot aus dem Jahr 1894 wurde nach italienischer Art bzw. im Stil der Neorenaissance gestaltet und schon damals von einer großen Glaskuppel auf dem Dach beherrscht. Das Gebäude hat eine turbulente Geschichte hinter sich: Es wurde zweimal schwer beschädigt, einmal 1933 durch einen Brand, der den Nationalsozialisten die Aussetzung des demokratischen Rechtes und die Ausweitung ihrer Macht ermöglichte, und später von der vorrückenden Sowjetarmee, die das Gebäude in der entscheidenden Schlacht um Berlin am Ende des Zweiten Weltkriegs buchstäblich zertrümmerte. In den 1960ern reparierte man das Gebäude teilweise und halbherzig, ließ es jedoch leer stehen, da es als ungeeignet für Regierungszwecke galt. Im Zuge der deutschen Wiedervereinigung wurde jedoch ein Wettbewerb zur Umgestaltung des Reichstags als neuem Sitz des Deutschen Bundestags ausgeschrieben.

Foster + Partners gewannen den Wettbewerb mit einem Design, bei dem die symbolträchtige Glaskuppel rekonstruiert wurde – als ein strahlendes Sinnbild des demokratischen Prozesses. In die Kuppel ist eine imposante Spiralrampe integriert, die den Besuchern den Aufstieg um den Kegel herum bis zur obersten Ebene und von dort einen freien Blick über die Stadt ermöglicht.

Darüber hinaus bietet die Konstruktion Einblicke in die demokratischen Prozesse, die sich im Plenarsaal darunter vollziehen. Doch aufgrund der Sonneneinstrahlung in die Glas- und Stahlkuppel entstehen Probleme: Durch die transparente Oberfläche dringt die Sonnenwärme in den Raum und erhöht die Temperatur übermäßig. Die offensichtliche Lösung – der Einsatz von Schirmen oder Jalousien – hätte jedoch den Blick über die Stadt beeinträchtigt.

Foster + Partners begegnen dem Problem mit zwei Lösungen: Die Glaspaneele der Kuppel überlappen einander und belüften den Raum durch einen Lüftungsschlitz in den Zwischenräumen. Am Fuß der Konstruktion strömt kühle Luft in den Plenarsaal, steigt nach oben, sobald sie sich erwärmt hat, und entweicht, sodass wieder kältere Luft zugeführt werden kann (Kamineffekt). Zusätzlich entwickelten die Architekten einen riesigen, beweglichen Sonnenschirm, der am Rand der Rampe befestigt wurde und dem Lauf der Sonne um die Kuppel herum folgt. Er schützt den Plenarsaal vor direkter Sonneneinstrahlung und -wärme, ohne den Blick und die Symbolkraft des Umbaus zu beeinträchtigen. Die Probleme der Glaskuppel wurden so auf einfühlsame und dezente Weise gelöst.

„Ein Arbeitsraum, in dem viel Tageslicht vorherrscht, steigert nachweislich die Zufriedenheit und das Wohlbefinden der Menschen, die diesen Raum nutzen."

Mary Ann Lazarus
Sandra Mandler
William Odell

Klima: Fallstudie 2

Oben:
Eingangsbereich
Das natürliche Blattwerk erfüllt das Foyer mit Leben.

Unten:
Mechanische Installationen
Ein künstliches Belüftungssystem leitet die Wärme aus dem Raum hinaus.

Linke Seite:
Innenraum des Foyers
Natürliches Licht durchflutet den Raum.

Name:
Palau de la Música

Standort:
Valencia, Spanien

Datum:
1987

Design:
José María de Paredes

Im Laufe der Geschichte nutzten Architekten und Designer eine Reihe von Techniken, um den Einfluss der Umgebung und insbesondere der Temperatur auf den Innenraum zu kontrollieren.

Der Palau de la Música befindet sich im trockengelegten Flussbett des Turia, das durch das Zentrum von Valencia verläuft. Das Konzerthaus wurde 1987 errichtet und gehört zu den ersten Gebäuden in einer ganzen Reihe von Kulturbauten und Gärten, die den Stadtkern mit dem Meer verbinden wollen.

Das „Flussgarten"-Konzept sah einen langen öffentlichen Park vor, in dem sich Fußwege, Wasserelemente und schattenspendende Bäume und Sträucher abwechseln. Santiago Calatrava kreierte die meisten dieser Elemente, aber dieses Gebäude entwarf der erfahrene Konzerthallendesigner José María de Paredes, der auch als Architekt der Konzerthäuser in Madrid und Granada fungierte.

Regelmäßigkeit und Schlichtheit dominieren das Gebäude, das aus einem riesigen weißen Block mit einem gigantischen verglasten Eingangsgewölbe besteht. Während das massive Rückgebäude eng in den urbanen Kontext eingebunden ist, hat das Glasgewölbe einen direkten Bezug zu den Wassergärten im Flussbett. Die von Ricardo Bofill designten Brunnen und Becken sind Ausdruck seiner überdimensionierten und klassizistisch inspirierten Architektursprache. Das Innere der transparenten Halle hingegen erinnert mit seinen Grünpflanzen und der feuchtwarmen Atmosphäre an ein Gewächshaus.

Das überhängende Vordach schützt im Sommer vor direkter Sonneneinstrahlung, aber die Wintersonne kann wärmend in das Herz des Gebäudes scheinen. Das verglaste Gewölbe beheizt den Raum und fungiert als riesiger Wintergarten, während die natürliche Belüftung für die Luftzirkulation sorgt.

Licht ist das grundlegendste aller Werkzeuge. Ohne Licht kann die Form nicht visualisiert, der Raum nicht gewürdigt und keine Atmosphäre geschaffen werden. Licht kann kontrollieren – es kann lenken, die Richtung für Bewegung implizieren, Objekte und Orte erhellen und akzentuieren, und es kann Wahrnehmungen verändern, sowohl in subtiler als auch in dramatischer Weise.

Licht: Fallstudie 1

Name:
Kunsthaus Bregenz

Standort:
Bregenz, Österreich

Datum:
1997

Design:
Peter Zumthor

Der Architekt kann mit Designelementen steuern, wie und wann Licht in den Innenraum einfällt.

Das Kunsthaus Bregenz steht direkt am Ufer des Bodensees, ein rätselhafter und ikonischer Kubus in einer Ansammlung ungewöhnlicher, bunt zusammengewürfelter Architekturstile. Das Museum besteht aus zwei Teilen: einem kurzen, schwarz mattierten Block, in dem die Verwaltung sowie das Café und der Museumsladen untergebracht sind, und einem hohen, illuminierten Quader, der die Ausstellungsräume beherbergt. Dieses hoch aufragende, stahlgerahmte Gebäude ist mit überlappenden Tafeln aus satiniertem Glas verkleidet, die wie eine Haut aus Glasschuppen wirken. Tagsüber spiegelt das Gebäude das Licht des Sees und des Himmels wider, aber nachts bricht der künstliche Schein der Beleuchtung in den Ausstellungsräumen aus dem Inneren hervor und illuminiert die Fassade.

Der rätselhafte Charakter und Brutkasteneffekt des Museums wird durch den insularen Fokus verstärkt. Die Ausstellungsräume gestatten keinen Blick auf die eindrucksvolle Landschaft – der Standort wird ausgeschlossen und der Blick des Besuchers auf die Kunst konzentriert. Die unregelmäßige Präsenz des natürlichen Lichtes ist immer gegenwärtig. Ein geniales Beleuchtungssystem fängt das Licht ein, streut es in die Räume und verteilt es in die Tiefen der Galerien. Jede Ebene ist von doppelter Raumhöhe, doch eine Glasdecke teilt das Volumen horizontal. Betonwände rahmen die untere Hälfte und bieten Möglichkeiten zum Aufhängen der Kunstwerke. Die obere Hälfte ist befreit von massiven Trennungen, wodurch das Licht durch die gesamte Breite des Raumes filtriert und in die Ausstellungsbereiche reflektiert wird. Von außen ist diese Konstruktion tagsüber nicht zu erkennen, sie liegt versteckt hinter der ungewissen Verschwommenheit der Glasfassade. Nachts jedoch, wenn die künstliche Beleuchtung erstrahlt, werden die Schichten der gestapelten Ebenen sichtbar.

Die Aufnahme- und Speicherfähigkeit des Sichtbetons gewährleistet ein relativ gleichmäßiges Klima in den Ausstellungsräumen, wodurch der Wirrwarr von Installationsleitungen und Belüftungssystemen vermieden werden konnte. Die aufgehängte Glasdecke verhüllt die Sicherungssysteme der Kabel und die künstliche Beleuchtung, die sich automatisch einschaltet, sobald der natürliche Lichteinfall nicht mehr ausreicht. Die Ausstellungsräume wurden vom Kabelgewirr der Elektrik und Durcheinander der Rohrleitungen befreit und als fokussierte, kontemplative Orte für die Betrachtung moderner Kunst gestaltet.

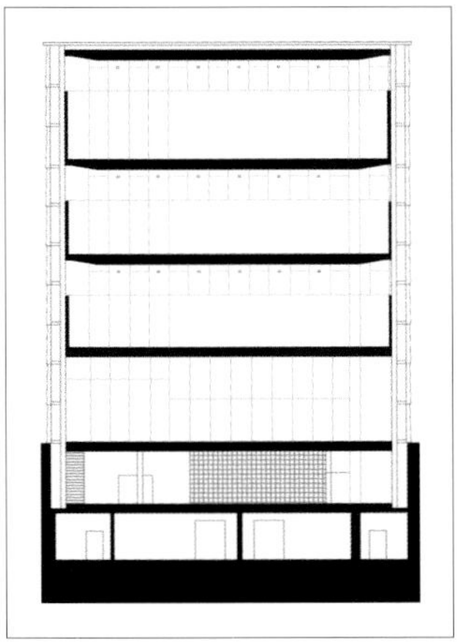

Linke Seite:
Glasfassade des Museums
Eine gleichmäßige Verkleidung aus überlappenden Glastafeln umhüllt das Gebäude.

Unten:
Ausstellungsraum
Natürliches Licht wird durch den künstlichen Deckenraum in die Tiefen der Galerie gestreut.

„Die räumliche Konstellation der Schuppen variiert die Ausrichtung des Lichtes und erzeugt Schatten und Spiegelungen. Sie zügelt die Stimmung des Lichtes und verleiht dem Raum Tiefe. Das ununterbrochen fluktuierende Licht erweckt den Eindruck, als atme das Gebäude."

Peter Zumthor

Rechts:
Foyer
Die Räume werden durch die Stützstruktur von den Einflüssen des direkten Tageslichts abgeschirmt.

Linke Seite:
Schnitt
Jede Ebene ist als unabhängiger Einsatz konzipiert, getragen vom Rahmen des Gebäudes. Beachten Sie die Öffnungen, die das natürliche Licht durch die künstlichen Decken eindringen lassen.

Rechts:
Aus der Vogelperspektive
Die Zweiteilung des Komplexes ist klar erkennbar. Der Seewasserpavillon von ONL hängt über dem Strand, während der Süßwasserpavillon von NOX auf dem Land sitzt.

Licht: Fallstudie 2

Name:
H2O Expo, Salzwasserpavillon

Standort:
Neeltje Jans, Niederlande

Datum:
1997

Design:
ONL

Der Designer kann die Manipulation künstlichen Lichtes nutzen, um beim Besucher eine Reaktion hervorzurufen. Dieser Prozess kann entweder eine Fortsetzung der äußeren Bedingungen sein oder in starkem Kontrast zu diesen stehen.

Die Niederländer haben seit jeher eine enge Beziehung zu Wasser, und in diesem Projekt, einem Hydro-Pavillon, wird diese Bindung eindrucksvoll umgesetzt. ONL und NOX erhielten den Auftrag, ein verbundenes und zugleich seltsam hybrides Gebäude zu designen, in dem Lehrmaterial über die technischen Fortschritte der Niederländer im Wasserbau präsentiert wird. ONL entwarf den Salzwasserpavillon auf der Meeresseite, und NOX kreierte den Süßwasserpavillon auf der Landseite.

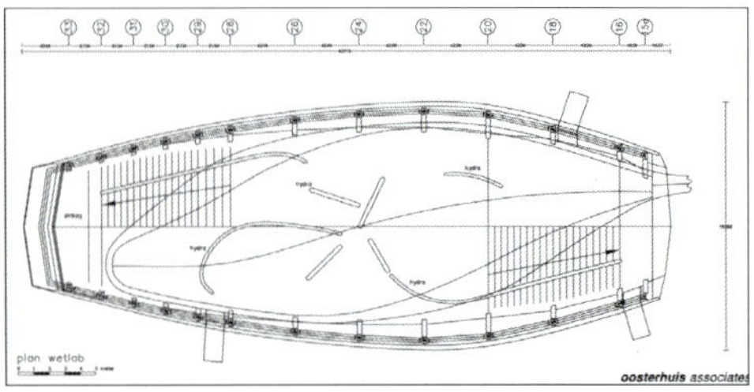

Die computergestützte Modellentwicklung spielt eine zunehmend große Rolle bei der Kontrolle und Gestaltung realer Umgebungen. Bei diesem Projekt generierte die hoch entwickelte Software nicht nur die Form des Gebäudes, sondern kontrolliert auch die Erfahrung im Inneren. Zu diesem Zweck werden Daten, die Scanner und Radargeräte im Meer erheben, aufgenommen und mit Informationen von Sensoren zur Besuchererkennung kombiniert, um eine ungewöhnliche Raumerfahrung zu schaffen.

Das Äußere des Seewasserpavillons entstand am digitalen Reißbrett mit dem Ziel, eine Art Organismus zu kreieren, der einer Mischung aus gestrandetem Wal und Tarnkappenbomber ähnelt. Der Komplex segelt 12 m weit über dem kiesigen Strand, gleitet dann zum Wasser der Osterschelde hinab und schwebt schließlich über der Wasserkante.

Das schwarze bedrohliche Äußere bildet einen deutlichen Kontrast zum Inneren, das stark an eine virtuelle Umgebung erinnert. Es wird von komplizierten Grafiken illuminiert, während elektronische Sensoren Informations- und Lichteffekte auslösen. Der Innenraum des Pavillons ist mit einer Wetterstation verbunden, die die Computer „an Bord" kontinuierlich mit Umweltdaten wie Windgeschwindigkeiten, Wasserständen und anderen Klimainformationen füttert. Das System wandelt diese Daten um und berechnet emotionale Reaktionen auf der Basis der Besucherzahlen, die sich im Pavillon bewegen. Die Rohdaten werden in Impulse konvertiert, die Klang- und Lichteffekte generieren und folglich die Echtzeiterfahrung der Umwelt mit den virtuellen Reaktionen der Besucher mischen. Lichtlandschaften aus faseroptischen Systemen, Filmprojektionen und Klang steigen aus dem mit Polykarbonat ausgekleideten Raum auf – eine Simulation der flüssigen Form des Pavillons und der Klimabedingungen des ihn umgebenden Kontexts. Die Ausstellung ist eine abstrakte Präsentation der Umweltbedingungen, die um den Pavillon herum herrschen. Der Besucher reist durch den Raum und erfährt die klimatischen Parameter des Deltas, wobei die Grenzen zwischen realer und virtueller Welt verwischt werden.

Linke Seite:
Plan
Die Ausstellungselemente sind als sinnliche Kurven im Pavilloninneren angelegt.

Oben:
Innenraum des Pavillons
Die Intensität des Lichtes wird vom Wetter und der Haltung des Besuchers diktiert.

Unten:
Ausstellungsraum
Das ständig wechselnde Licht im Raum schafft einen verwirrenden Effekt.

Wir bauen Häuser, um verschiedene Variablen unserer unmittelbaren Umwelt auf einem konstanten Niveau zu halten, da wir nur innerhalb einer relativ engen Temperaturspanne angenehm leben können. Die Klimaanlage ist die moderne Methode zur Regulierung der Temperatur, doch es wurden auch einige passive Systeme wiederentdeckt und weiterentwickelt, die mit ihren Funktionen sinnvolle Alternativen bieten.

Oben:
Garten
Durch Bewegung gelangt Wasserdampf in die Atmosphäre und kühlt die Umgebung.

Links:
Rote Burg
Der Palast liegt strategisch günstig auf einem Hügel.

Rechte Seite:
Innenraum des Palasts
Wasserkanäle kühlen die Zimmer des Palasts.

„Wenn [der Hof] mit Grünpflanzen und Wasser ausgestattet ist und im Schatten liegt, fungiert er als kühlende Quelle und modifiziert sogar das Mikroklima, indem er die Temperatur am Boden senkt."

Amos Rapoport

Temperatur: Fallstudie 1

Name:
Alhambra (Rote Burg)

Standort:
Granada, Spanien

Datum:
18. und 19. Jahrhundert (genaues Datum unbekannt)

Design:
Unbekannt

Passive Methoden zur Temperaturregulierung bieten immer öfter gangbare Alternativen zur Klimaanlage. Viele dieser Methoden basieren auf Techniken, die über Jahrhunderte hinweg entwickelt wurden.

Die Alhambra (arabisch: al-Qualat al-Hamra, Rote Burg) ist eine maurische Festung aus dem Mittelalter, die auf einer Hügelterrasse am Rande der spanischen Stadt Granada liegt. Sie war im 13., 14. und 15. Jahrhundert die befestigte Residenz der muslimischen Könige (lange Zeit hatte man angenommen, dass der Komplex ursprünglich im 18. oder 19. Jahrhundert als Militärareal gebaut wurde). Flankiert von 13 Türmen entwickelte sich dieser herrliche Palast über die Jahrhunderte hinweg in eine elegante Sammlung sorgfältig angelegter Gebäude, Zimmer, Gärten und Landschaften. Stück für Stück wuchs die Alhambra zu einem Komplex mit sechs Palästen, zahllosen Badehäusern und Räumen an, die durch Gärten verbunden sind, in denen ein ausgeklügeltes Bewässerungssystem das kühle Nass spendet.

Fast das ganze Jahr über ist das Klima in Südspanien heiß und kann im Hochsommer unerträglich werden. Die Mauren konzipierten eine einfache Methode zur Kühlung der Räume in der Alhambra, indem sie die geringe Luftbewegung und das Wasser nutzten. Das Wasser fließt ununterbrochen in sorgfältig entworfenen flachen Becken, Bächen und Kanälen durch den Palast. Einige sind relativ groß, wie z.B. im *Generalife,* dem Sommerpalast des Sultans, andere hingegen bescheidener und oft kaum mehr als ein kleiner, sprudelnder Brunnen, der einen schmalen Kanal speist. Mithilfe des Kamineffekts wird eine leichte Brise erzeugt: Warme Luft steigt in der Mitte der Höfe auf und wird durch die kühlere Luft aus den schattigen Räumen ersetzt. Diese wird durch kleine Öffnungen in den Wänden angesaugt und gewinnt dadurch an Geschwindigkeit, die sich zu einem leichten Wind steigert, der durch die angrenzenden Zimmer streicht. Der entscheidende Effekt ist die Bewegung des Wassers in Kombination mit der Luft, die durch den Raum strömt. Das Wasser beginnt zu verdunsten, und der aufsteigende Dampf kühlt den Raum. Das Klima in den Palästen wird so auf gefühlvolle und verführerische Weise temperiert.

Oben:
Äußeres der Kuppeln
Die Gebäude schmiegen sich in eine stillgelegte Lehmgrube.

Links:
Wand des Eden-Bioms
Eine strenge Sechskantkonstruktion trägt die dreilagigen Luftkissen aus ETFE-Folie.

Nick Grimshaw

Nick Grimshaw ist ein Architekt mit einer Leidenschaft für Technologie. Seine frühen Arbeiten waren unzweifelhaft „Hightech" und bedienten sich oft unverhohlen einer industriellen Designsprache. Sein Büro hat den Ruf, rationale, aber trotzdem kreative Gebäude zu kreieren, und er umreißt seinen Ansatz mit „Struktur, Raum, Haut". Sein internationales Portfolio beinhaltet das Waterloo Terminal in England, die Ijburg-Brücke in den Niederlanden, das Ludwig-Erhard-Haus in Berlin und die Southern Cross Station in Melbourne, Australien.

Temperatur: Fallstudie 2

Name:
Eden Project

Standort:
Cornwall, England

Datum:
2001

Design:
Grimshaw Architects

Die Nutzung und Regulierung der Sonnenwärme ist seit Jahrtausenden eine weitverbreitete Methode zur Beheizung von Räumen. Dank der Erfindung des Glases konnte man Räume nun auch vor Wind schützen und folglich die gesammelte Wärme besser speichern. Eine weitverbreitete Speichermethode für Solarenergie in Wohngebäuden ist der Wintergarten. Er funktioniert nach dem gleichen Prinzip wie das Gewächshaus: Sonnenlicht wird im Raum eingefangen und der Kühleffekt des Windes abgeschirmt. Die warmen Strahlen der Wintersonne sind in den kalten Monaten sehr willkommen und können als passive Methode zur Beheizung eines wesentlich größeren Bereichs dienen, da man die in dem abgeschlossenen Raum erwärmte Luft in das gesamte Haus weiterleiten kann.

Früher züchtete man exotische Früchte wie Orangen, Pfirsiche und Zitronen in Orangerien – Gewächshäuser mit großen Fenstern an der Südseite. Während der Renaissance und bis ins 19. Jahrhundert standen diese Orangerien vor allem in den blühenden Gärten wohlhabender Bürger und Adeliger. Sie sind die Vorläufer der Gewächshäuser, d.h. kleiner, vollverglaster Gebäude für die Kultivierung von Pflanzen. Sie sind relativ weit verbreitet in Privatgärten, ihre weitaus größeren Pendants hingegen findet man in öffentlichen Parks wie z.B. in Kew Gardens in England. Gewächshäuser bieten ein kontrolliertes Klima, das weitaus wärmer ist als die natürlichen oder lokalen Bedingungen.

Beim Eden Project in Cornwall wird mithilfe der regulierten Sonnenwärme eine Atmosphäre erzeugt, deren Temperatur deutlich über dem natürlichen Klima in England liegt. Es ist eine Sammlung von transparenten „Biomen", die die Umwelt kontrolliert und das Wachstum einer reichen Flora fördert.

Die Biome bestehen aus einem verzinkten Stahlrohrgerüst, das mit einer dreifachen Schicht hexagonaler Paneelen aus ETFE-Folie (Ethylen-Tetrafluorethylen) verkleidet wurde. ETFE ist eine durchsichtige, recycelbare, äußerst stabile Folie, die UV-lichtdurchlässig und unempfindlich gegenüber Sonnenlicht ist. Dank ihrer hervorragenden Isolierung speichern die abgedeckten Biome Wärme und somit Energie. Die drei Schichten ETFE-Folie in den Sechsecken sind mit Luft gefüllt und bilden Isolierkissen. Das Klima wird über ein ausgefeiltes Computersystem für automatische Belüftung und Heizung geregelt. Die solide Rückwand absorbiert die Wärme tagsüber und gibt sie nachts wieder ab. Auch die Pflanzen unterstützen die Klimaregulierung, da sie bei höheren Temperaturen mehr Wasser abgeben und so die Luft kühlen.

Man könnte das Eden Project als Reinkarnation der Orangerie bezeichnen. Diese Konstruktion wurde schon vor Jahrhunderten entwickelt, und noch heute nutzt und speichert sie die Wärme der Sonne, schützt vor Wind und Regen und verändert auf diese Weise in einem kleinen Raum das vorherrschende Klima.

Rechts:
Exotische Pflanzen
Aufgrund des temperaturregulierten Mikroklimas gedeihen auch nicht einheimische Gewächse.

Die Orientierung ist die Ermittlung der relativen physischen Position von etwas in Bezug auf etwas anderes. Ein Gebäude oder Raum kann so positioniert sein, dass eine besondere physische Eigenschaft oder Bedingung entweder genutzt wird oder eine Abkehr von dieser stattfindet. Sonne oder Wind sind ein Beispiel hierfür: Die Haupträume eines Gebäudes sind z.B. so konzipiert, dass sie die Nachmittagssonne nutzen, oder eine Terrasse ist bewusst an der windabgewandten Seite platziert. Es kann auch ein physisches Merkmal wie ein benachbartes Gebäude sein, das den Raum möglicherweise überblickt, oder weiter entfernte Merkmale wie etwa geografische Eigenschaften. Der Designer kann also mithilfe verschiedener Methoden die Orientierung eines Raumes steuern.

Oben:
Das Gebäude im Kontext
Die drei verbundenen Quader spiegeln die drei Hügel wider.

Mitte:
Raum 1
Die brutalistisch gestalteten Innenräume sind durch einfache Öffnungen verbunden.

Unten:
Raum 2
Das Licht fällt durch die Decke in die rohen, schlichten Ausstellungsräume.

Rechte Seite:
Schnitt
Die Lichtführung in den drei unbehandelten Museumsquadern erfolgt durch Deckenlicht, die Belüftung über ein natürliches System.

„Der Architekt bringt durch Gebäude Ordnung in die Welt. Die künstlerischen und wissenschaftlichen Werkzeuge des Architekten oder Designers treten mit dem Ort in Kontakt, und die Architektur entsteht durch den Prozess des Verhandelns mit dem physischen Kontext und der gelebten Erfahrung."

Dominic Roberts

Orientierung: Fallbeispiel 1

Name:
La Congiunta

Standort:
Giornico, Schweiz

Datum:
1992

Design:
Peter Märkli und Stefan Bellwader

Das Bewusstsein für interessante Verbindungen zwischen dem Innenraum und seiner physischen Umgebung kann durch die Orientierung des Innenraums geschärft werden.

La Congiunta (Die Hochzeit) ist ein kleines Museum, versteckt am Ende des Leventinatals in der Schweiz. Es ist kein Museum im herkömmlichen Sinne, denn es gibt weder einen Empfang an der Eingangstür noch einen Buchladen oder ein Café. Stattdessen muss der Besucher den Schlüssel in einem Gasthaus im nahe gelegenen Dorf abholen. Das Gebäude besteht aus kaum mehr als drei rohen Quadern und erinnert mit seinen kalten, unbehandelten Betonwänden und seiner schroffen, schmucklosen Atmosphäre an einen Bunker. Über eine erhöhte Fußplatte aus Stahl erreicht man die ebenfalls aus Stahl gefertigte Eingangstür. Hinter dieser öffnet sich der brutalistisch gestaltete Innenraum – ein Raum aus rohem Beton, kalt und still. Die natürliche Lichtführung erfolgt durch ein Oberlicht, wodurch sich das Sonnenlicht durch die stählerne Dachlaterne über die grauen Museumswände ergießt.

Der Bau orientiert sich am Talverlauf und an der Zufahrtsstraße. Er ist eine abstrakte Spiegelung der Landschaft, die ihn umgibt. Die drei Hügel des Tales werden synthetisiert und liefern die formale Geste der drei verbundenen Gebäudequader. Die kompromisslose Sprache und Ästhetik des Raumes ist die treffende Antwort auf die zerklüftete Landschaft, in der er positioniert wurde, und auf die rauen, eleganten Skulpturen, für die er gebaut wurde und die er nun beherbergt. Das Museum verkörpert die ungewöhnliche Vereinigung dieser Landschaft mit den Skulpturen von Hans Josephsohn, einem lokalen Künstler, der aus gegossenem Beton und Stein massive, kompromisslose Skulpturen schafft. Die dreistufigen, fensterlosen Blöcke spiegeln die umliegenden Hügel wider und trennen das Innere in drei Ausstellungsräume, die jeweils einer Schaffensperiode des Bildhauers gewidmet sind. Keine der Annehmlichkeiten, die Museen sonst bieten, ist hier zu finden: keine Beleuchtung, keine Heizung, keine Bodenbeläge, nur die nackte Essenz der zum Bau verwendeten Materialien. Die Sprachen des Gebäudes, der Skulpturen und der Landschaft verschmelzen zu einem einzigen, eleganten Raum.

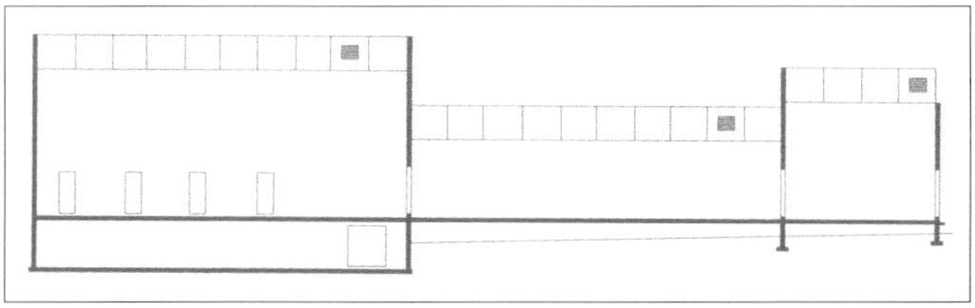

Orientierung: Fallstudie 2

Name:
Summer Hill

Standort:
Cumbria, England

Datum:
2006

Design:
Francis Roberts Architects

Man kann aneinander angrenzende Räume so positionieren, dass ihre Orientierung in entgegengesetzter Richtung verläuft und eine psychologische Abtrennung geschaffen wird.

Der Name Summer Hill passt hervorragend zu diesem gut proportionierten Haus im georgianischen Stil. Es steht in einer geschützten und trotzdem sonnigen Lage im Süden des Lake District in Nordwestengland. Der Blick schweift von den Bergen im Norden über üppiges Farmland bis zur Morecambe Bay im Süden über eine hügelige Landschaft. Francis Roberts Architects entwarfen eine umfassende Erweiterung, die sie mit viel Gefühl für dieses Gebäude designten. Obwohl das neue Element ein vollständiges Haus ist, das an den Originalbau anschließt, ist es durch sein besonderes Design klar von diesem getrennt. Die Architekten kreierten eine Ergänzung, die das Original nicht kompromittiert und trotzdem als ganz und gar eigenständiges Haus funktioniert.

Der Ansatz der Architekten zielte auf eine Erweiterung an der Rückseite des Gebäudes ab, um die prachtvolle klassische Fassade zu erhalten. Das Alte blickt in die eine Richtung – ein kontrollierter und malerischer Perspektivblick auf den Grundstückseingang –, während das Neue die Verbindung zu dem vormals versteckten Farmland herstellt. Eingang und Fenster des Anbaus sind bewusst so positioniert, dass sie nicht das georgianische Haus überragen oder stören. Sprache und Technologie der Erweiterung wurden eindeutig vom Kontext abgeleitet, sind aber trotzdem auch unmissverständlich Teil des 21. Jahrhunderts.

Die Architekten kreierten erfolgreich eine moderne Erweiterung für ein bestehendes Gebäude, deren Richtung genau gegenläufig zur Originalstruktur orientiert ist, ohne die Integrität der einzelnen Elemente zu stören.

Oben:
Terrasse
Die Landschaft ist Orientierungs- und Integrationspunkt für die Erweiterung.

Unten:
Blick aus dem Schlafzimmer
Innenraum und Landschaft stehen in direkter Beziehung zueinander.

Rechte Seite:
Gebäude in der Landschaft
Das Originalgebäude steht links, der Erweiterungsbau rechts.

Orientierung

„Orientierung" bedeutet im wörtlichen Sinne die Positionsbestimmung eines Objekts oder einer Person in Relation zu einem anderen Objekt oder einer anderen Person. Ausschlaggebend ist die Beziehung, die zwischen diesen beiden aufgebaut wird. Diese Beziehung kann z.B. so einfach wie eine Himmelsrichtung sein. Der Begriff „Orient" ist vom lateinischen „oriens" abgeleitet, was Osten bedeutet. Im Mittelalter wurde in Landkarten häufig nicht der Norden, sondern der Osten oben platziert.

Blick/Standrichtung

Ein Gebäude oder Innenraum kann eine direkte Antwort auf ein besonderes physisches Merkmal darstellen. Bei der Positionierung kann sich der Designer z.B. einen speziellen Blickwinkel zunutze machen oder aber auf ein Objekt oder Element reagieren bzw. einen Kontrapunkt setzen. Der Blick kann durch einen Rahmen begrenzt und nur von einem festen Punkt im Innenraum aus möglich sein, oder das ganze Gebäude ist als Reaktion auf eine Aktivität bzw. Funktion hin ausgerichtet.

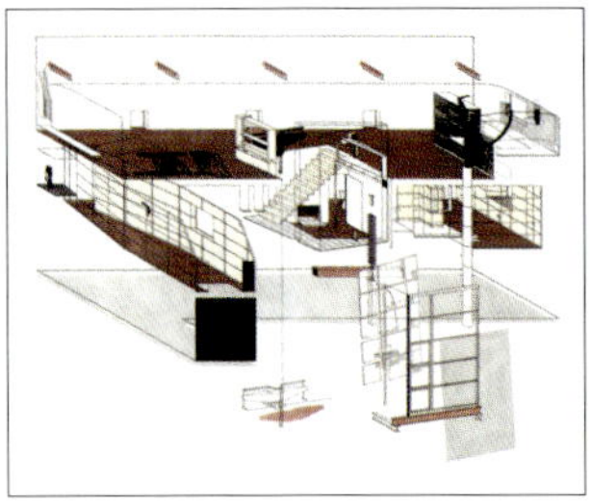

Oben:
Isometrische Explosionszeichnung
Das Gebäude wurde aus einer Reihe von eleganten Designelementen konstruiert.

Unten:
Fotomontage des Projekts
Das Gebäude liegt stark eingebettet im urbanen Kontext.

Blick/Standrichtung: Fallstudie 1

Name:
Blackburn House

Standort:
London, England

Datum:
1988

Design:
Bolles + Wilson

In einer überbevölkerten urbanen Umgebung, die keine Kompromisse zulässt, kann der Designer lange Blicke durch den Innenraum kreieren, während er gleichzeitig alle Blicke in die äußere Welt sorgsam kontrolliert.

Janice und David Blackburn beauftragten die Architekten Bolles + Wilson mit dem Umbau der zwei oberen Stockwerke eines Kutscherhauses in Hampstead, das sowohl ihnen als auch ihrer Sammlung moderner Kunst als neue Heimat dienen sollte. Aufgrund der dichten Bebauung des unmittelbaren Kontexts beeinträchtigten die Nachbargebäude alle Sichtlinien bzw. Blicke aus dem Gebäudeinneren. Dieser Besonderheit entsprang ein introvertierter Ansatz für das Innenraumdesign. Da die oberen Stockwerke als Ausstellungsbereich fungieren sollten, kreierten die Designer weitläufige Räume mit großen, ununterbrochenen Wandflächen.

Als Antwort auf diese Vorgaben sind die Perspektiven im Gebäudeinneren sorgfältig kontrolliert. Ein hohes, geneigtes Erkerfenster, das asymmetrisch aus dem rechteckigen Gebäude hervorspringt, erhellt und belebt einen großen Eingangsbereich mit doppelter Raumhöhe. Mattiertes, verziertes Glas macht das Fenster über die gesamte Höhe undurchsichtig, sodass zwar Licht in den Raum eindringt, aber der Blick auf die allzu nahen Nachbarn verdunkelt wird. Kleine Flächen unbehandelten Glases wecken den unbestimmten Eindruck von Bewegung und Aktivität. Der einzige Raum, der einen klaren Blick auf die Außenwelt gewährt, ist das Arbeitszimmer. Dieser schmale, trichterförmige Raum ist mit Holz verkleidet und läuft auf einen Punkt direkt gegenüber dem Schreibtisch zu. Dadurch entsteht eine akzentuierte Perspektive, die das Auge des Betrachters durch die lange, schmale Raumorientierung auf den Ausblick lenkt – einen Baum, der vor dem Zimmer steht.

Oben:
Das holzverkleidete Arbeitszimmer
Der Raum ist auf den Baum direkt vor dem Fenster fokussiert.

Rechts:
Plan für den ersten Stock
Das Innere ist sehr knapp geplant. Beachten Sie das trichterförmig gestaltete Arbeitszimmer auf der linken Seite.

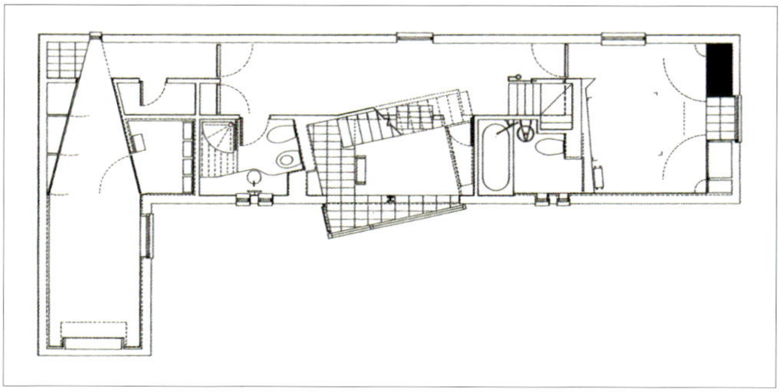

Blick/Standrichtung: Fallstudie 2

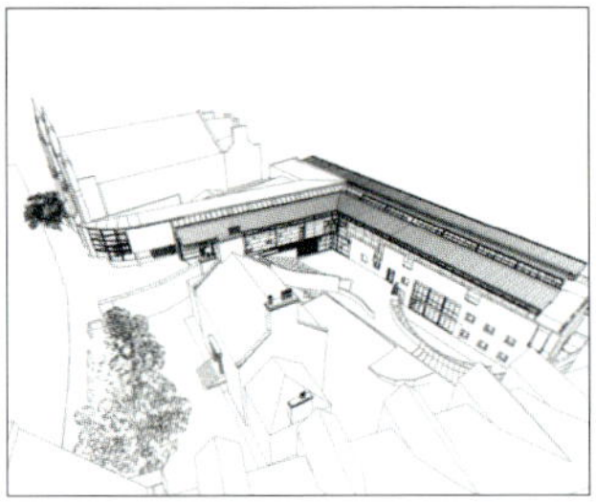

Name:
Dundee Contemporary Arts Centre (DCA)

Standort:
Dundee, Schottland

Datum:
1999

Design:
Richard Murphy Architects

Der Designer kann Blicklinien durch den dreidimensionalen Innenraum eines Gebäudes schaffen.

Das Dundee Contemporary Arts Centre entstand im Zuge der Sanierung eines großen, stillgelegten Lagerhauses in Ziegelbauweise, das den Skateboardern von Dundee als heimlicher Treffpunkt gedient hatte. Das Gebäude steht in einer ungünstigen Lage zwischen der Stadt und dem Fluss Tay, eingesäumt von einer Kathedrale und einer kunstvollen Villa aus dem 19. Jahrhundert. Verschärft wird die Problematik außerdem durch ein Gefälle von 8 m über den gesamten Standort und die Vorgabe einer Durchgangsmöglichkeit von der Stadtmitte zum Fluss für die Öffentlichkeit rund um die Uhr. In diesen kompakten Standort integrierte Murphy Kunsteinrichtungen, Galerien, Kinos, Werkstätten, ein Café bzw. eine Bar und Geschäfte sowie Büros für das Museum und die Stadtverwaltung von Dundee.

Im Rahmen des sorgfältigen Umbaus wurde das Lagerhaus aufgeschnitten, um Platz für neue Flächen und Funktionen zu schaffen. Die schwierige, aber dennoch exponierte Lage inspirierte Murphy zu einer Anordnung des Innenraums, die auf einem L-förmigen Plan beruht. Auf diese Weise können die öffentlichen Hauptflächen entlang einer inneren dreistöckigen „Straße" verteilt werden. Man betritt das Gebäude nicht wie erwartet von der Flussseite aus, sondern durch einen Eingang, der auf Dundee hinausgeht und somit das Gebäude mit der Stadt verbindet. Der Fluss dient nun als Hintergrund für die offenen Blicke durch den Innenraum. Die geschäftige interne Straße ermöglicht ungehinderte, sonnendurchflutete Blicke durch das Gebäude. Der Besucher, der an dem vorragenden Fenster steht, kann „die Straße" überblicken und die Menschenmenge unter sich beobachten bzw. von ihr gesehen werden. Die Kinobesucher nehmen beim Überqueren des Parkplatzes am Fluss nicht wahr, dass sie von der offenen Sichtblende eingerahmt werden. Sobald die Filmvorführung beginnt, wird dieses Element geschlossen. Die Gäste in der Bar können sogar während der Vorstellung einen Blick auf das Innere des Kinos erhaschen. Dieses extrovertierte Gebäude ist ein Paradies für Beobachter und maximiert die atemberaubende Landschaft, auf die es elegant ausgerichtet wurde, um die besten Blicke auf Dundee und seine Bewohner zu erhalten.

Oben:
Das Lagerhaus vor der Umgestaltung
Gebäude und Meer stehen in Bezug zueinander.

Unten:
Parallelperspektive
Der Bau wurde vergrößert und zur Stadtseite hin geöffnet.

Rechte Seite oben:
Eingang
Das Gebäude erstrahlt in einem künstlichen Licht, das seine neue Nutzung avisiert.

Rechte Seite unten:
Straße im Inneren
Die Zirkulation durch das neue Gebäude schafft wieder eine Verbindung von der Stadt zum Meer.

„Wir nehmen unsere Umgebung fast ausschließlich durch unser Sehvermögen wahr.“

Gordon Cullen

Die in einem Innenraum verwendeten Materialien haben eine ganz eigene Beziehung mit dem Raum selbst und mit den Bedingungen seiner Umwelt. Sie ermöglichen es dem Designer, dem Raum eine neue physische Atmosphäre zu verleihen, die z.B. die Fortführung der ihn umgebenden Elemente oder eine Reaktion darauf sein kann. Die Materialwahl kann die Wirkung der Akustik, des Klimas und des Lichtes sowie die Beziehung zwischen dem Innenraum und seinem Kontext verändern.

Oben:
Innenraum
Die Anordnung des Mobiliars im Raum spiegelt seine asketische Natur wider. Man beachte dazu auch das restaurierte Altarbild in dem Alkoven mit Oberlicht.

Ganz oben:
Kapelle
Die Schlichtheit des Gebäudes fällt bereits von der Straße aus ins Auge.

Rechts Mitte:
Zwischen den Wänden
Der Zirkulationsraum zwischen den Innen- und Außenwänden ist besonders atmosphärisch.

Rechts unten:
Kapellenwand
Die Konstruktion aus Lehm enthält Fragmente der ursprünglichen Kirche.

Materialien: Fallstudie 1

Name:
Versöhnungskapelle

Standort:
Berlin, Deutschland

Datum:
2000

Design:
Rudolf Reitermann
und Peter Sassenroth

Die Kreation visueller und auditiver Effekte durch den Einsatz spezieller Materialien kann die Verbindung zwischen einem Gebäude und seinem Kontext bzw. seiner Umgebung noch weiter verstärken.

Unten:
Plan
Die kreisförmige Wand aus Lehm wird von einem Regenschutz aus Holz umgeben.

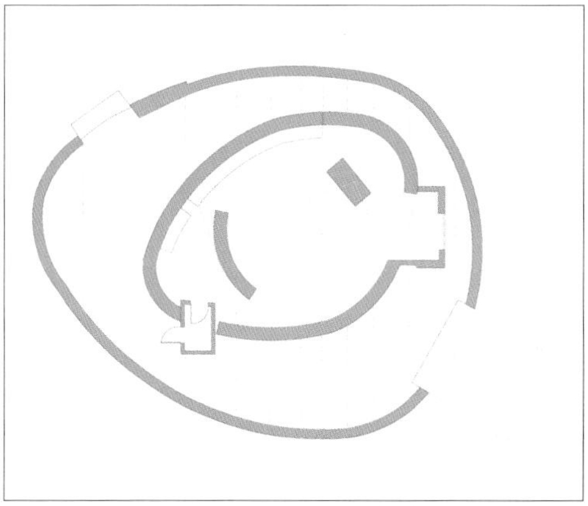

Die Versöhnungskapelle markiert im Zusammenhang mit der deutschen Geschichte und Geografie einen besonders schmerzhaften Punkt. Denn mit dem Mauerbau zwischen Ost- und Westberlin wurde das Fleckchen Erde, auf dem heute die neue Kapelle steht, zum „Niemandsland". Es lag genau an der Ostseite der Mauer und war nicht zugänglich. Die neugotische Kirche, die 1895 eingeweiht worden war, ließ man 1985 abreißen, weil sie die Sicht der Wachposten beeinträchtigte. Nach der deutschen Wiedervereinigung wurde ein Wettbewerb zur Wiederbelebung des Standorts mit dem Ziel ausgeschrieben, eine neue Versöhnungskapelle zu errichten, ein Symbol der Hoffnung und Freundschaft. Das Fundament der alten Kirche existierte noch, und viele symbolträchtige Objekte wie das Taufbecken, das Abendmahlgeschirr, der Altar selbst und sogar die Kirchenglocke kehrten zurück in die Kapelle, nachdem man sie lange sicher aufbewahrt hatte.

Die Architekten Reitermann und Sassenroth entwarfen eine Kapelle, die auf den Ruinen des alten Altarraums stehen sollte. Der Designplan sah zwei konzentrische, ovale Formen vor: einen äußeren Ring aus Holzlatten als Regenschutz, der einen halb offenen Zirkulationsraum bildet, und einen inneren ovalen Raum mit Oberlicht, der von Lehmwänden eingefasst ist und die Andachtsstätte bildet. Ziegelbruch aus dem historischen Gebäude wurde mit dem Lehm gemischt, um das Andenken zu wahren, und in den Wänden schimmern Felsstückchen und Steine, die man in die Schichten einarbeitete. Der mit natürlichem Wachs behandelte Lehmfußboden drückt die Erdverbundenheit aus. Die Wand reguliert das Raumklima, indem sie die Kapelle umschließt und sowohl vor äußeren Einflüssen schützt als auch eine Brücke in die Geschichte dieses Ortes schlägt. Die Glocken der alten Kirche hängen nun in einem Holzturm am Eingang an der Bernauer Straße und läuten zur Messe. Auch das Originalaltarbild hängt wieder in der Kapelle, und eine Glasplatte im Boden gibt eindrucksvoll den Blick auf das Fundament der alten Kirche frei. Die Gemeinde wird beständig an die Vergangenheit, die Geschichte und den Kontext dieser außergewöhnlichen Kirche erinnert.

Materialien: Fallstudie 2

Name:
Irish Film Centre

Standort:
Temple Bar, Dublin, Irland

Datum:
1992

Design:
O'Donnell + Tuomey

Mit Materialien kann der Designer die Geschichte eines Gebäudes und seiner Umgebung in Schichten freilegen.

Temple Bar, ein dicht bebautes urbanes Viertel im Zentrum von Dublin, leidet aufgrund fehlender Investitionen und der Abwanderung seiner Bewohner unter starker Vernachlässigung. Diese Entwicklung ist nicht zuletzt auf umfangreiche Abrisspläne zurückzuführen, um Platz für einen riesigen Verkehrsweg zu schaffen. Nachdem man diese Idee wieder verworfen hatte, schrieb der Stadtrat einen Wettbewerb zur Neugestaltung des Viertels aus. Dabei verfolgte man mit aller Entschlossenheit einen kontextuellen Ansatz – der Stadtrat war sich der destruktiven Wirkung einiger Bauvorhaben der Nachkriegszeit nur allzu bewusst. Das Viertel am Ufer des Liffey nimmt eine hervorgehobene Stellung im Herzen der Stadt ein. Group 91, ein Team lokaler Architekten und Designer, entwarf eine sensible Umgestaltung, die auf der Errichtung wichtiger kultureller Gebäude für die Öffentlichkeit basierte. Sie sollten den Schlüssel bilden, um das Interesse für Aktivitäten im Viertel zu wecken – weitere Einrichtungen wie Cafés und kleine Läden zögen dann bald nach.

O'Donnell und Tuomey, die Teil dieser Gruppe waren, erhielten den Auftrag zum Entwurf des Irish Film Centre. Das Quaker Meeting House, das am Rand des Meeting House Square liegt, einer wichtigen öffentlichen Fläche im Rahmen des Sanierungsprojekts, wurde als Standort ausgewählt. Der Komplex bestand aus neun verschiedenen Gebäuden, die alle rund um einen vormals ruhigen, offenen Hof standen. Die Kirche hatte keine erkennbare Fassade – die Folge einer alten Stadtverordnung, die nicht etablierten Kirchen eine herausragende Straßenpräsenz untersagte. Der Gebäudekomplex war groß genug, um zwei Kinos, ein Café, einen Kartenverkauf, einen Buchladen und Nebenräume, z.B. für Büros und Lager, zu beherbergen.

Die Kinos konnten nur in dem ausreichend flächigen Versammlungsraum und dem kleineren Privatraum für die Damen untergebracht werden. Folglich waren die Hauptelemente und der gemeinsame Vorführraum schnell festgelegt. Die übrigen Funktionen wurden um den neu eingefassten Hof verteilt. Er ist das Gesicht, mit dem sich das Kino der Öffentlichkeit präsentiert, denn das IFC hat noch immer keine Straßenfassade, sondern ist durch schmale, unauffällige Gassen und Arkaden zugänglich. Der Hof bildet das Schlüsselelement in diesem Design: Alle Aktivitäten wurden um ihn herumgruppiert. Obwohl er überdacht ist und einen inneren Raum bildet, wurde er ganz bewusst im Stil eines Außenraums gestaltet. Das gefaltete Glasdach lässt viel natürliches Licht einfallen und verstärkt das Gefühl, sich im Freien zu befinden. Boden, Wände und Schilder sind ebenfalls im robusten Außenstil designt. Der Boden besteht aus Kalksteinplatten, in die konzentrische Stahlkreise eingelegt wurden, die die Raummitte verdeutlichen. Die alten Ziegelaußenwände des Versammlungshauses sind nun die Innenwände des Irish Film Centre.

Alle Materialien stellen eine Mischung aus „vorgefundenen" Oberflächen und neu installierten Elementen mit Außenraumeigenschaften dar. Die Schichten, die von der Geschichte dieser Gebäude erzählen, wurden mit ihren unterschiedlichen Oberflächeneigenschaften an diesem Standort freigelegt. Die Designer ergänzten schließlich die Historie des Gebäudekomplexes, indem sie ihre eigene zeitgenössische Bedeutungsschicht auftrugen.

Oben:
Hofdach
Das gefaltete Glasdach verstärkt die Außenraumeigenschaften dieses Standorts.

Links unten:
Lageplan
Das Filmzentrum im unteren Bildbereich bleibt in seinen Kontext eingebunden.

Rechts unten:
Innenraum des Hofes
Die neue Wand schließt sich an den Originalbau an.

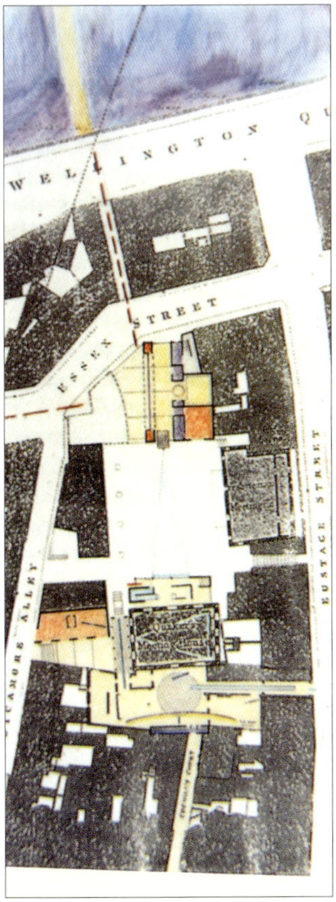

O'Donnell + Tuomey
O'Donnell + Tuomey sind bekannt für ihre sensible und kontextuelle Herangehensweise an Designarbeiten. Das Büro sieht in der Erforschung und Offenlegung der Eigenschaften und Qualitäten eines Standorts einen integralen Bestandteil des Designprozesses. Ihren Beitrag zur Architektur bezeichnen sie bescheiden als eine archäologische Schicht des 21. Jahrhunderts.

Die Wiederverwendung eines bestehenden Gebäudes schlägt nicht nur eine Brücke zu unserem kulturellen Erbe und kollektiven Gedächtnis, sondern sie schont auch die Umwelt. Denn der Materialaufwand ist weitaus geringer als bei einem Neubau. Effiziente Lösungen, die zudem Ressourcen einsparen und das Klima schützen sowie Recycling einsetzen, können einen wichtigen Beitrag zu diesen Strategien leisten.

Name:
Water Tower (s.S. 116+117)

Standort:
Shooters Hill, London, England

Datum:
2000

Design:
Loates-Taylor Shannon Ltd
(LTS Architects)

Umweltbewusstsein
Die Wiederverwendung eines Gebäudes zählt wohl zu den nachhaltigsten Methoden, die einem Designer zur Verfügung stehen, nicht zuletzt deshalb, weil sowohl die Struktur als auch ein Großteil der Installationen bereits vorhanden sind. Die in diesen Elementen gebundene Energie wird somit eingespart. Darüber hinaus verringert die bauliche Wiederverwendung den Bedarf an Rohstoffen, die für einen Neubau erforderlich wären.

Ressourcen
Dieser Ansatz kann sich auch in der Ausführung der Neugestaltung niederschlagen. Der Designer kann mit lokalen Materialien arbeiten und auf diese Weise die Transportenergie einsparen, die Verwendung natürlicher und ungiftiger Materialien vorgeben und, sofern möglich, das Gebäude mit Energie aus erneuerbaren Quellen wie Wind- oder Solarkraft versorgen.

Wetter
Eine weitere Möglichkeit der Nachhaltigkeit ist ein Design, das die umweltfreundliche Nutzung eines Gebäudes oder Innenraums gewährleistet. Hierzu zählt z.B. die Nutzung von natürlichem Licht und natürlicher Belüftung. Der Lichteinfall kann bis tief in den Raum reichen und nicht nur künstliches Licht vermeiden, sondern auch eine Verbindung zwischen Nutzer und Außenwelt schaffen. Die Intensität des natürlichen Lichtes schwankt je nach Tages- und Jahreszeit. Heizkosten lassen sich mit Wärme aus Solarenergie sparen, und die Querlüftung stellt eine natürliche Kühlung für einen Raum dar.

Recycling
Lokale bzw. im traditionellen Baustil errichtete Gebäude weisen nicht selten bereits eine ganze Reihe umweltfreundlicher und nachhaltiger Eigenschaften auf. Ihre Entwicklung hat sich in direktem Bezug zu ihrem unmittelbaren Kontext vollzogen. Aus dieser engen Verbundenheit sind schließlich Methoden zur Steuerung des Lebensraums und der vorherrschenden klimatischen Bedingungen entstanden. Die Entdeckung und die Wiederentdeckung von Wegen zur Energieeinsparung gehören zu den Kernthemen des 21. Jahrhunderts. Mit der Wahl seines Ansatzes kann der Designer einen Beitrag zu dieser Debatte leisten.

Fundstücke
Die Verarbeitung und Wiederverwendung von Fundstücken kann ein Band mit dem kollektiven Gedächtnis einer Gesellschaft knüpfen. Man kann ein vollständiges Objekt in einer unnatürlichen Situation platzieren und dadurch die dem Objekt und seinem neuen Standort inhärenten Qualitäten akzentuieren.

Raumnutzung
Der Designer kann Räume kreieren, die den Nutzer zum Einsatz nachhaltiger und energieeffizienter Lebens- und Arbeitsmethoden anregen. Wenn der Designer mit den Möglichkeiten der natürlichen Steuerung von Umweltbedingungen in einem Raum vertraut ist, kann er einen Raum schaffen, der sowohl dem Komfort als auch der Nachhaltigkeit Rechnung trägt.

Oben:

Büros von TBWA\Hakuhodo, Tokio, Japan (s.S. 108+109).

Die Wiederverwendung eines bestehenden Gebäudes verkörpert einen der nachhaltigsten Ansätze im architektonischen Design. Dem Designer steht neben einer Methodik, die Fragen der Nachhaltigkeit bei der Innenraumgestaltung berücksichtigt, auch die Möglichkeit offen, einen Raum zu kreieren, dessen Nutzung ebenfalls dem Aspekt der Nachhaltigkeit entspricht.

Oben:
Eingang des Hauses
Das lange Fensterband des Wohnzimmers im 1. Stock gewährt einen atemberaubenden Ausblick.

Rechte Seite:
Das Haus in seinem Kontext
Das Gebäude sitzt gefährlich nah am Ufer, inmitten der eindrucksvollen Landschaft.

Umweltbewusstsein: Fallstudie 1

Name:
Coal House

Standort:
Kishorn, Schottland

Datum:
1998

Design:
Unbekannt

Gebäude mit einer ungewöhnlichen Geschichte oder einer Funktion, die sie nicht mehr erfüllen, können mit überraschenden und reizvollen Ergebnissen einem neuen Zweck zugeführt werden.

Dieses Haus hat bereits in unterschiedlicher Weise auf seinen Kontext reagiert. Zunächst einmal handelt es sich um ein bestehendes Gebäude, das früher als Kohlelager für das Dorf diente. Der Brennstoff wurde mit dem Boot an den Strand transportiert, dort am Anleger ausgeladen und im Haus gelagert. Es liegt angenehm nah am Dorf und ist mit dem Boot leicht zugänglich, wohingegen das Dorf selbst bis vor kurzem über eine Straße nur schwer erreichbar war.

Für die Restaurierung und den Umbau verwendete man nur lokale und umweltfreundliche Materialien. Das Haus wurde aus Steinen gebaut, die dieselbe Farbe haben wie die Felsen, auf denen es steht, und sein Dach ist so schwarz wie der finstere Himmel an einem stürmischen Tag. Seine Sprache ist dem Ton der wilden, eindrucksvollen Landschaft angemessen, die den Rahmen für dieses Haus bildet.

Die Organisation der Innenräume spiegelt ebenfalls den ungewöhnlichen Kontext wider: Die Haupträume platzierte man im Obergeschoss, um den atemberaubenden Ausblick über den Loch Kishorn auf die Berge von Skye in Szene zu setzen. Die langen, horizontalen Fenster im ersten Stock unterstreichen die rechtwinklige Qualität des Gebäudes, während die schmalen Fenster im Erdgeschoss die Notwendigkeit hervorheben, sich vor Wind und Wellen zu schützen. Das neu gestaltete Gebäude ist eine einfühlsame und angemessene Antwort auf seine Umgebung.

„Waren Gedanken wie diese der Traum aus uralten Zeiten? Eigentümlich nur für manche Epochen oder Breiten? Und ist es nicht die Natur, die diese Gedanken mitteilt, die Seele einatmet und sie in das Herz schreibt?"

John Langhorne

Oben:
Innenhof
Die modernistisch gebogenen Balkone verstärken die lichtdurchflutete, luftige Atmosphäre im Innenhof.

Unten:
Zirkulation durch den neuen Raum
Durch die verglaste Wand an der Nordseite und das Südfenster im Dach fällt Licht in den Innenraum.

Rechte Seite oben:
Blick durch den äußeren Hof
Die Erweiterung rundet den Originalbau auf helle und moderne Weise ab.

Rechte Seite unten:
Plan
Die neuen Anbauten vervollständigen das alte Gebäude.

„[Asplund] war ein Vorreiter, wenn es darum ging, die modernistische Sprache zu mäßigen und sich in einer stärkeren Kontinuität mit der architektonischen Tradition auszudrücken."

Claes Caldenby
Jöran Lindvall
Wilfred Wang

Umweltbewusstsein: Fallstudie 2

Name:
Gerichtsgebäude in Göteborg

Standort:
Gothenburg, Schweden

Datum:
1934–1937

Design:
Erik Gunnar Asplund

Die Erweiterung eines Gebäudes kann einen unmittelbaren Bezug zwischen Alt und Neu herstellen, der meistens an der Fassade am deutlichsten zutage tritt.

Asplunds ergänzender Bau des Gerichtshofs in Göteborg verkörpert einen respektvollen und aufmerksamen Umgang mit dem Originalbau. Die Gebäudefront veranschaulicht, wie das Moderne das Klassische in einfühlsamer Weise erweitert und auf dieses reagiert.

Mit dem Innenraum jedoch verfuhr Asplund wesentlich entschiedener. Er vervollständigte den ursprünglich halb offenen Hof und schuf einen neuen Innenhof, einen Raum, der einem Atrium gleicht. Dadurch entstanden zwei kontrastierende offene Räume – einer innen und einer außen. Eine Glaswand und die vertikalen Hauptzirkulationswege trennen diese Räume. Der neue ist kompromisslos modern und eindeutig skandinavisch. Sinnliche Kurven aus glänzenden Kieferpaneelen prägen den Innenhof. Natürliches Licht fällt aus dreifacher Raumhöhe in das Atrium und illuminiert das Holz – gleichmäßiges nördliches Licht durch die Glaswand und südlich warmes Licht durch das Dach. Obwohl innerhalb des Gebäudes ein starkes Gefühl von Bewegung und Fluss herrscht, wurde seine Würde nicht verletzt.

Die Treppen wirken aufgrund ihrer reduzierten Tritthöhe und verlängerten Breite gemessen und erfüllen den Raum mit einer feierlichen Atmosphäre. Der Innenraum ist lichtdurchflutet und luftig – er verkündet das modernistische Ideal der Gesundheitsförderung durch den Kontakt mit einer natürlich frischen Umgebung. Asplunds gesamtes Werk ist geprägt vom traditionellen skandinavischen Baustil, den er mit einem tiefen Verständnis modernistischer Grundsätze zu verbinden wusste.

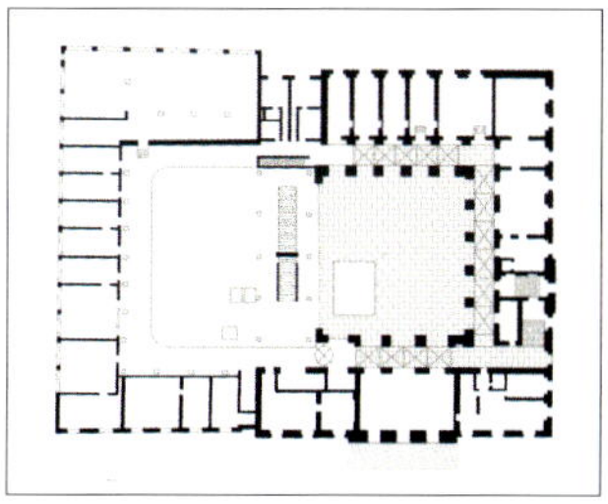

Schon bei den Baustoffen, die für die Neugestaltung eines bestehenden Gebäudes verwendet werden, kann der Designer auf Nachhaltigkeit und Umweltverträglichkeit achten. Hierbei kommen viele Faktoren zum Tragen, einschließlich der Frage, wie weit die Materialien zur Baustelle transportiert werden müssen, da allein der Transport riesige Energiemengen verschlingt. Darüber hinaus kann aus lokalen Ressourcen ein Innenraum hervorgehen, der sehr wirkungsvoll auf die klimatischen Bedingungen abgestimmt ist und so eine starke Bindung zu Kontext und Geschichte des Gebäudes herstellt.

Ressourcen: Fallstudie 1

Name:
Museum Hamar Bispegård

Standort:
Hamar, Norwegen

Datum:
1967–1979

Design:
Sverre Fehn

Die in einem neuen Design verarbeiteten Materialien und die sie verbindenden Elemente können die ursprünglichen Baustoffe widerspiegeln.

Das Museum Hamar Bispegård, auch bekannt als Hedmark-Museum, steht in der kleinen norwegischen Stadt Hamar, einige Kilometer nördlich von Oslo. Das Design dieses Museums enthüllt die Schichten der Zeit, indem die verschiedenen historischen Epochen gezeigt werden, die in den Überresten der mittelalterlichen Bischofsburg noch erhalten sind. Die Gebäude dienten seit dem 16. Jahrhundert als Gehöft, doch der Zahn der Zeit nagte an ihnen. Mithilfe moderner Bautechniken rekonstruierte man die Ansammlung von Ruinen (einschließlich der Überreste der Kathedrale und des bischöflichen Priorats), die an einer wichtigen mittelalterlichen Straße liegt.

Alt und Neu lassen sich klar voneinander unterscheiden, da man nicht den Versuch unternahm, beides miteinander zu verschmelzen – ihr Designansatz ist schlicht die Koexistenz.

Die U-förmige Scheune steht auf der Burgruine, und ein Teil der Ruinenwände wurde in die Scheunenkonstruktion integriert. Die Bauweise der Scheune und das verwendete Material stehen in einer ländlichen Tradition. Fehn erhielt die Steinkonstruktion der Mauern und baute einfach um das Bestehende herum. Das neue Scheunendach ist mit Ziegeln gedeckt und wird von einem stabilen Holzrahmen getragen, der je nach Stabilität der Mauerreste entweder inner- oder außerhalb der dicken Steinmauern verläuft. Die Gebäude sind von einer Betonstruktur aus Rampen, Plattformen, Balkonen und Zimmern durchzogen. Dadurch entsteht eine erhöhte Route, die dem Besucher einen Überblick über die freigelegten Schichten darunter sowie Zugang zu diskret platzierten Zellen mit Oberlicht ermöglicht, die kleine historische Artefakte beherbergen.

Die kontextuelle Position des Gehöfts spiegelt sich in vielerlei Weise in den Materialien, die in dieses Projekt eingeflossen sind. Ihre Reinheit weist klare Parallelen zu den Qualitäten des Originals auf. Beton, Holz und Dachziegel sind unbehandelt, schmucklos und natürlich. Grob gestaltet ist auch die Verarbeitung der Nahtstellen zwischen den Baustoffen: Die großen, minimalistischen Glasplatten zur Abdeckung der Öffnungen wurden einfach an die Wände geschraubt und die frei liegenden Stahlbefestigungen zur Verbindung der hölzernen Dachkonstruktion sind roh und unbehandelt. Die verwendeten Materialien spiegeln ebenso wie die Art und Weise, in der sie zusammengefügt wurden, das harte, kompromisslose Klima wider, in dem die Gebäude errichtet wurden. Sverre Fehn hat mit seinen Interventionen auf den Charakter des Standorts reagiert und ein Museum des 21. Jahrhunderts kreiert, das Teil der Landschaft ist – wie schon das ursprüngliche Gebäude.

Linke Seite:
Verglaste Öffnung
Das Glas ist mit groben Schrauben an der Außenwand des Gebäudes befestigt. Es bietet kaum Wärmeschutz.

„Der Architekt profitiert wie Scarpa beim Castelvecchio von der Disziplin, die ihm die Interpretation der Archäologie und der bestehenden Strukturen auferlegt.“

Dominic Roberts

Rechts oben:
Brücke
Natürliches Licht dringt durch die beschädigte Wand in den Raum.

Rechts unten:
Materialien
Der Beton wirkt genauso roh wie das grobe Steingebäude. Man beachte auch die Dachkonstruktion aus Sperrholz über dem Betonfußweg.

Links:
Innenraum des Museums
Die Betonrampe schwebt über den archäologischen Mauerresten. Oberlicht, das durch verglaste Öffnungen im Dach fällt, erhellt den Raum.

Ressourcen: Fallstudie 2

Name:
West End Refurbishment Programme

Standort:
Morecambe, England

Datum:
2005

Design:
Arca

Ein einziges Material kann eine Reihe ungleicher Räume oder Gebäude miteinander verbinden – es kann den roten Faden liefern, mit dem Elemente miteinander verwoben werden, die sonst eher einer zufälligen Ansammlung gleichen würden.

Diesen Ansatz realisierte Arca bei der Renovierung einiger großer viktorianischer Reihenhäuser in einem heruntergekommenen Teil von Morecambe, einem Seebad im Nordwesten von England. Holz wurde als verbindendes Element für die Sanierung der Wohnhäuser eingesetzt. Die Architekten schufen eine Art „Musterbuch" mit charakteristischen Elementen wie Erkerfenstern, Mansardenfenstern und Vordächern. Alle Charakteristika wurden aus Holz gefertigt und so designt, dass sie zwar unterschiedlich aussehen, aber eindeutig einer Familie angehören. Man renovierte etwa zwanzig der über das Gebiet verteilten Gebäude mithilfe dieses neuen zeitgenössischen Bausatzes aus architektonischen Elementen. Die Wohnhäuser wurden nicht nur mit neuen äußeren Merkmalen wie Balkonen, Terrassenbelägen und Zäunen aus Holz ausgestattet, einige erhielten sogar ganze Anbauten aus diesem Material.

Im Inneren kleidete man die Zimmerbegrenzungen mit Holz aus, um moderne Isolierungsstandards zu erreichen, und neue Holzfenster kommunizieren schon von der Straße aus einen Eindruck von der Innenverkleidung. Die Beziehung zwischen Innen- und Außenraum ist nicht mehr klar definiert, die eigentliche Schwelle verschwimmt, sodass Balkon, Außenterrasse oder Holzveranda ganz zwanglos als Teil des Lebensraums genutzt werden können.

Die unverwechselbaren Ergänzungen springen als Verbesserung sofort ins Auge und verbinden auf dezente, aber trotzdem charakteristische Weise eine Gruppe individueller Wohnhäuser.

Links: Fassadenansicht
Die schlichten Holzelemente erfüllen die Fassaden der Häuser mit neuem Leben.

Linke Seite:
Längsansicht
Die Holzelemente verknüpfen unterschiedliche Wohnhäuser miteinander.

Unten:
Holzbalkone
Durch die Balkone aus Holz strahlen die Häuser ein besonderes Gefühl von Wärme aus.

„Die Sinnlichkeit des Materials – das ist die immer wiederkehrende Frage danach, wie es sich anfühlt und aussieht: Ist es matt oder funkelt und glänzt es? Wie riecht es? Ist es hart oder weich, flexibel, kalt oder warm, glatt oder rau? Welche Farbe hat es, und welche Farbe zeigt es an seiner Oberfläche?“

Andrea Deplazes

Nachhaltigkeit und Energieeffizienz eines bereits vorhandenen Innenraums werden stark davon beeinflusst, wie gut der Architekt oder Designer die vorherrschenden Wetterbedingungen kontrollieren und nutzen kann. Man muss sich der besonderen Wetterverhältnisse bewusst sein und diesen mit wirkungsvollen Methoden begegnen. Trotz des gemäßigten Klimas in Großbritannien variieren z.B. die klimatischen Bedingungen von Grafschaft zu Grafschaft beträchtlich. Im Westen ist das Klima meist feuchter als im Osten, und in den nördlichen Grafschaften wird es deutlich kälter als in den südlichen.

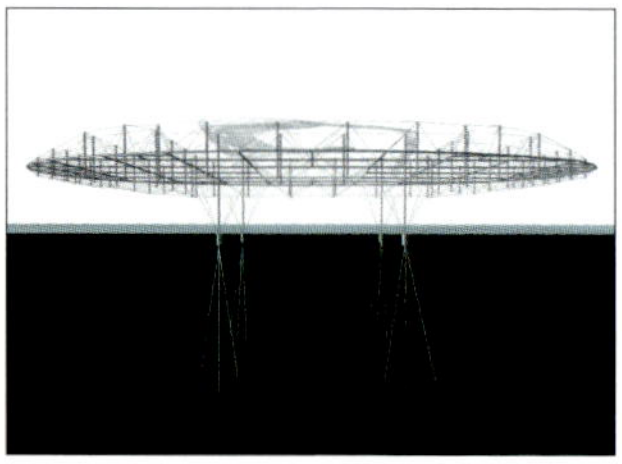

Oben:
Ansicht des Pavillons
Die einfache rechtwinklige Stahlkonstruktion bildet den Rahmen für das gestaltlos wirkende Gebäude.

Wetter: Fallstudie 1

Name:
Blur Building

Standort:
Yverdon-les-Bains, Schweiz

Datum:
2002

Design:
Diller Scofidio + Renfro

Die Expo 2002 in der Schweiz verstand sich als Laboratorium, in dem der Blick forschend auf die Gesellschaft, den Staat und die Wirtschaft im neuen Jahrtausend gerichtet wurde. Dieses ehrgeizige Vorhaben wurde in und um vier Städte und drei Seen herum in der Westschweiz organisiert. Jede Stadt präsentierte sich unter einem bestimmten Motto: Biel mit „Macht und Freiheit", Murten mit „Augenblick und Ewigkeit", Neuchâtel mit „Natur und Künstlichkeit" und Yverdon-les-Bains mit „Ich und das Universum". Am Rand jeder Stadt bzw. am Ufer der Seen errichtete man einen kleinen Pavillonpark mit einem Arm, der auf eine künstliche Insel hinausreichte, die sogenannte „Artplage" (aus franz. art = Kunst und plage = Strand). Eine schwimmende „Artplage Mobile du Jura" mit dem kaum überraschenden Motto „Sinn und Bewegung" verkehrte zwischen den vier Ausstellungsorten und transportierte die Besucher hin und her.

Diller Scofidio + Renfro entwarfen für den Ausstellungsort Yverdon kein richtiges Gebäude, sondern vielmehr eine Wolke. Eine 100 x 70 x 20 m große Konstruktion schwebte, gehüllt in einen feinen Sprühregen, in 25 m Höhe über dem See. Die Wolke wurde aus gefiltertem Seewasser hergestellt, das Tausende von Düsen in einem zarten Schleier versprühten. Die Düsen steckten in einer gewaltigen Stahlplattform, die fest am Boden des Sees verankert wurde. Der künstliche Nebel wirkte wie eine Wolke, die aus dem See selbst aufstieg und sich je nach den Wetterverhältnissen bewegte und veränderte. Eine integrierte Wetterstation überwachte Windgeschwindigkeit und -richtung sowie die Feuchtigkeit und justierte die 13 über den Plattformrahmen verteilten Wasserdruckzonen, um die dynamische Form der Wolke zu erhalten.

Dieses Design aus atomisiertem Wasser sollte die Sinne verwirren und zufällige Momente der Klarheit und Desorientierung schaffen, abhängig vom fließenden Wabern des dichten Nebels. Geräusche und Gerüche wurden durch das Seewasser verzerrt, und unvorsichtige Besucher waren sofort bis auf die Haut durchnässt. Zum Schutz bot man den Besuchern hellblaue Regenmäntel an, bevor sie sich der Wolke über die lange Brücke näherten. Beim Umherwandern auf der Plattform trafen sie in der dichten Wolke auf andere desorientierte blaue Geister, bis sie schließlich den Aufgang zur Angel-Wasser-Bar fanden, wo der Dunst hoch über der Wolke und dem See am feinsten war.

„Obwohl das *Blur Building* eine visuell verblüffende Architektur der Atmosphäre ist, versteht sich sein Design auch als Anti-Spektakel. Im Gegensatz zu immersiven Umgebungen, die nach konturenscharfer visueller Treue mit immer großartigerer Technik streben, hat das *Blur Building* bewusst unscharfe Konturen."

Edward Dimendberg

Oben:
Brücke
In bestimmten Momenten verschmelzen das Gebäude und die Wolke miteinander.

Linke Seite:
Innenraum des Pavillons
Die Besucher müssen eine blassblaue Regenjacke tragen, während sie versuchen, durch den unscharfen, immersiven Innenraum zu navigieren.

Oben:
Der Pavillon aus der Vogelperspektive
Wasserdampf steigt in Schwaden vom Pavillon auf.

„Santa Caterina war früher ein Kloster, ein Ort, an dem sich der Himmel öffnete. Erst wenn man diesen weitläufigen Platz selbst besucht, wird einem seine wahre Dimension im Verhältnis zur Stadt klar. Über der Markthalle erstreckt sich fast endlos der Himmel. Man kann sich gut vorstellen, wie dieser weite Platz mitten in der engen Altstadt wirkt, wenn der Blick zum Himmel wandert, immer höher ... Diesen Gedanken der Transparenz zu erhalten, war uns wichtig für einen Ort, der eine Durchgangsstation ist ...“

Benedetta Tagliabue

Links oben:
Außenansicht des Marktes
Die Halle wird belüftet, indem die Luft zwischen der Lattenvertäfelung des gewellten Daches und den Grundmauern zirkuliert.

Mitte:
Detailansicht der Vertäfelung
Die Holzblenden sind locker über die Außenseite der Markthalle verteilt.

Unten:
Innenraum des Marktes
Das eindrucksvoll geschwungene Dach wölbt sich über dem bunten Markttreiben. Beachten Sie die offenen Blenden, die absichtlich schlecht sitzen.

Wetter: Fallstudie 2

Name:
Mercado Santa Caterina

Standort:
Barcelona, Spanien

Datum:
2004

Design:
EMBT (Enric Miralles–Benedetta Tagliabue)

Der Designer kann beim Umbau gezielt mit Techniken arbeiten, die das vorherrschende Klima in einem Gebäude nutzen oder mit anderen Elementen optimale Umweltbedingungen schaffen.

In Barcelona ist es heiß, und dieser Markt im Herzen der dicht bebauten Stadt profitiert von seinem neuen Dach, das Schutz vor der Sonne bietet, den Raum isoliert und gleichzeitig für die Zirkulation von Frischluft durch das Gebäude sorgt. Die Halle wurde auf einem großen Platz auf den Ruinen eines Klosters errichtet. Der Bau bot die Gelegenheit zur Öffnung des dicht gedrängten urbanen Kontexts und zur Anbindung des einst abgeschlossenen Raumes an die umliegenden Gebäude und Straßen.

Das neue, große Dach ist charakteristisch für den Markt und springt mit seinen hellen Farben sofort ins Auge, während es über die alten Mauern hinwegwogt und den Raum abschließt. Es ist kein eng anliegender Deckel, sondern eine lockere Abdeckung, die über die Begrenzungsmauern hinabfließt. Ein buntes Mosaik abstrakter Bilder, die auf das frische Obst in den Auslagen der Marktstände anspielt, ziert die Oberfläche des Daches. Die Untersicht ist mit Holz ausgekleidet und wird von langen Stahlträgern gestützt, die in dicke Betonpfeiler an den Seiten des Raumes münden. Die präzise, kompromisslose Ausführung der Dachkonstruktion konzentriert das Auge auf die Marktstände darunter und die in Augenhöhe präsentierten Fisch-, Obst- und Gemüseauslagen.

Durch den offenen Raum zwischen Dach und Mauerwerk kann natürliches Licht in den abgeschlossenen Raum fallen und die Luft zirkulieren. Das durchbrochene Muster beschleunigt den Luftstrom durch das Gebäude und erzeugt eine Brise, die frische Luft herbeiführt, den Raum kühlt und die unangenehmen Gerüche, die man von einem Markt kennt, mit sich forträgt. Das neue Dach verleiht dem Gebäude eine eigenständige, klar definierte Identität, und der Zwischenraum versorgt das Innere mit sauberer Frischluft.

Oben:
Markteingang
Natürliches Licht gelangt durch das nicht ganz exakt auf dem Mauerwerk aufliegende Dach in den Raum.

Recycling

Das Recyceln alter Gebäude ist wie das Müllrecyceln ein Prozess, der von der persönlichen Einstellung und vom Wert abhängt. Die Frage des Wertes bezieht sich darauf, wie viel des recycelten Materials wirklich erhaltenswert ist, auch wenn sich die Gewinnung vielleicht als schwierig und kostenintensiv entpuppt.

Recycling: Fallstudie 1

Name:
Landschaftspark Duisburg-Nord

Standort:
Duisburg, Deutschland

Datum:
1994

Design:
Latz + Partner (Peter Latz), Lichtinstallation von Fisher Park

Areale, die auf den ersten Blick unzugänglich und wenig einladend wirken, können nach einem Recycling spannende und ungewöhnliche Erlebnisse generieren.

Im Regionalverband Ruhr leben über 5,5 Millionen Menschen in postindustriellen Städten wie Essen, Duisburg, Oberhausen und Dortmund. Hier war früher mit der Stahlindustrie und dem Kohlebergbau die deutsche Schwerindustrie angesiedelt. Die internationale Verlagerung zu billigeren Abbaugebieten und Produktionsstätten hat zu einem Rückgang der deutschen Kohle- und Stahlindustrie geführt. Nach der Schließung vieler Fabriken blieben große Areale mit riesigen, aber veralteten Gebäuden einschließlich ganzer Maschinenparks zurück, die auf einem Boden standen, der durch die Rohstoffe und die industriellen Verarbeitungsprozesse verseucht worden war.

Der Abriss dieser gewaltigen Gebäudekomplexe und Strukturen erwies sich in vielen Fällen als unmöglich, und man beschloss, sie einem Recycling- und Wiederverwendungsprozess zu unterziehen, der viele Jahre andauerte. Bergbaugebäude wurden zu Kultur- und Existenzgründungszentren umgebaut, Gasometer auf natürliche Weise in Kunsträume umgewandelt usw. Die Thyssen-Stahlwerke in Duisburg gestaltete man in einen weitläufigen öffentlichen Park um. Die Besucher sind eingeladen, zwischen den Überresten dieser einst großartigen Bauten umherzuwandern, die Türme und Balkone der gigantischen Hochöfen zu erklimmen und die schiere Größe dieser Industrieanlagen zu bestaunen.

Die Landschaft wurde behutsam gereinigt und begrünt: Auf den Schlackebergen stehen nun Birken, und in den Kohlebunkern wachsen überraschenderweise seltene exotische Pflanzen, die vorher zwischen den Mineralien und Materialvorräten aus fremden Ländern versteckt waren. Die Hochöfen, Kokereien, Kühltürme und Fabriken wurden recycelt und dienen heute den verschiedensten Zwecken – von einem Freilichtkino bis hin zu Künstlerstudios. Und in den Wasserspeichern übt heute der örtliche Tauchclub die ersten Tauchgänge. Abends illuminiert eine beeindruckende Lichtinstallation der Bühnendesigner Fisher Park die stillgelegten Türme. Sie erstrahlen als mächtige Skulpturen – eine schöne Geste, die Zeugnis und Symbol ihrer neuen „Umweltfreundlichkeit“ ist. Das Recycling hat einen ursprünglich unwirtlichen und unzugänglichen Ort in eine postmoderne, interaktive Umgebung verwandelt.

„Das kollektive Gedächtnis ist ein unablässiger Gedankenstrom, der sich in die Gegenwart ergießt und dort fortwährender Bestandteil des aktiven Lebens einer Gruppe ist. Die Erinnerungen sind vielfältig und verstreut, spektakulär und flüchtig, werden aber nie gesammelt und in einer vereinten Geschichte aufgeschrieben.“

M. Christine Boyer

Oben:
Stahlwerk
Bäume und Sträucher begrünen die Industrierelikte und -überreste.

Links:
Theaterhof
Elemente des alten Gebäudes wurden recycelt und beherbergen nun kreative Aktivitäten.

Linke Seite oben:
Lageplan als Fotomontage
Das stillgelegte Stahlwerk wird zum riesigen Fundobjekt in einer Industrielandschaft.

Linke Seite unten:
Nachts
Eine nächtliche Lichtshow erweckt die Gebäude auf eindrucksvolle Weise zum Leben.

Rechte Seite: Innenraum der Agentur
Die Aufteilung des Originalgebäudes schlägt sich eindeutig auch in der Strukturierung des neuen Innenraums nieder.

Recycling: Fallstudie 2

Name:
TBWA\Hakuhodo
Standort:
Tokio, Japan
Datum:
2007
Design:
Klein Dytham architecture (KDa)

Innenräume werden in der Regel kreiert, um bestimmte Funktionen zu erfüllen, und ihr Design spiegelt die Besonderheiten der Aktivitäten wider, die in ihnen stattfinden sollen. Manchmal sind die funktionalen Anforderungen jedoch so spezifisch, dass es schwierig wird, den Raum umzugestalten bzw. zu recyceln, ohne dass er seine Essenz und Wahrhaftigkeit vollständig einbüßt.

Trotzdem kann sich der Designer dafür entscheiden, den Charakter und sogar die augenfällige Funktion eines Raumes zu bewahren und diese für seine Neugestaltung zu nutzen. Eines der spektakulärsten Beispiele für ein gelungenes Zusammenspiel von Alt und Neu, bei dem die jeweilige Identität erhalten bleibt, ist das Projekt von KDa: Hier platzierte man eine Werbeagentur in einer betriebsfähigen Bowlingbahn.

In der dichten, sich ständig wandelnden Metropole Tokio erhielt KDa den Auftrag, den neuen Hauptsitz für das kürzlich fusionierte, globale Werbeunternehmen TBWA\Hakuhodo zu designen. Dafür mussten zuerst für die 300 Mitarbeiter Büroflächen gefunden werden. Als Standort wurde eine Etage eines achtstöckigen Unterhaltungskomplexes ausgewählt. Der Empfang der Agentur liegt direkt neben dem Eingang zu knallig bunten Spielhallen, während die Büroräume in einer Bowlingbahn untergebracht sind, die vor dem Recycling noch voll funktionsfähig war.

Die Designer bauten die aus einer einzigen Fläche mit 30 Bahnen bestehende Bowlinghalle in ein Studio um. Sie arbeiteten im Einklang mit der bestehenden Gebäudestruktur und verteilten Arbeits- und Besprechungsräume auf den langen Holzbahnen. Jede Bahn bietet einen lang gestreckten, schmalen Bereich für Arbeitsaktivitäten, und die Zwischenräume, auf denen früher die Kugeln zurückrollten, wurden zu Zirkulationsrouten umfunktioniert. In jede Bahn integrierten die Designer einen zeltähnlichen Büroraum, um jedem Team ein Element für private Besprechungen zur Verfügung zu stellen.

Designkonzept „New Office“
Das Konzept des „New Office“ basiert auf der Idee, dass eine Person nicht mehr an einem bestimmten Platz im Bürogebäude sitzt, sondern den spezifischen Raum nutzen kann, der ihren Bedürfnissen bei der Ausführung einer individuellen Tätigkeit am besten entspricht. Diese Idee wurde von Frank Duffy entwickelt, und er bezeichnete diese besonderen Räume mit Höhle, Bienenstock, Club und Zelle.

Mitte links:
Plan
Das recycelte Gebäude durchdringt die Struktur des Neuen.

Mitte rechts:
Blick in das Büro
Die „Szenerie" mit den verschiedenen Stimmungen fördert die Kreativität.

Unten:
Ungestörter Bereich
Stille Räume oder „Höhlen" sind konzentrierter Arbeit vorbehalten. Dahinter befinden sich Bienenstöcke für emsige Aktivitäten.

Fundstücke

Die Nutzung und Wiederverwertung von Fundstücken kann eine Brücke zur Vergangenheit schlagen. Dabei werden Traditionen, Muster und die Sprache eines bereits existierenden Standorts oder Objekts berücksichtigt. Dies impliziert einen atmosphärischen Designansatz, der die Bedeutung eines Ortes oder Objekts liest und überarbeitet. Als Wiederverwertungsstrategie stellt dieser Ansatz eine angemessene Form der Inbesitznahme dar.

Linke Seite:
Diesel-Wand
Die Mauerfläche dient jungen, kreativen Künstlern als Leinwand.

Unten:
Armani-Wand
Das Gebäude wird als Fundstück genutzt, auf dem Armani ungeniert für sein Label wirbt.

Fundstücke: Fallstudie 1

Name:
Diesel Wall/Armani Wall

Standort:
Mailand, Italien

Datum:
k. A.

Design:
k. A.

Ein kleines Segment oder Detail, das von einem Gebäude losgelöst wurde, aber auch ein großer, intakter Teil eines Komplexes – sie alle können Fundstücke sein.

Das Modelabel Diesel ist bekannt dafür, junge, kreative Talente zu fördern. Zu den innovativsten Projekten zählt der jährliche Wettbewerb für die Dekoration der Giebelwand eines historischen Gebäudes nahe der Basilika San Lorenzo in der trendsetzenden Modestadt Mailand. Die Metropole gilt als Welthauptstadt der Modeindustrie, und die aktuelle Mailänder Architektur- und Designszene steht dieser Branche in Sachen Einfallsreichtum und Wettbewerb in nichts nach.

Die Wand ist ein Fundobjekt, das nicht nur ins Auge springt, sondern auch günstig am Rand des Geschäftsviertels liegt. Sie ist in kein anderes Projekt integriert, also autonom und unabhängig von ihrer Umgebung. Obwohl sie physisch mit dem hinter ihr liegenden Gebäude verbunden ist und insofern von diesem strukturell gestützt wird, ist die „Diesel-Wand" in die entgegengesetzte Richtung orientiert. Diesel beteuert zwar altruistisch stets das Gegenteil, aber die Wand ist trotzdem ein Stück Werbung. Sie verhilft dem Unternehmen nicht nur über die klassischen Kanäle zu Publicity, sondern auch durch Kulturreportagen.

Die ebenfalls in Mailand stehende „Armani-Wand" verfolgt den gleichen Ansatz, allerdings wesentlich unverhohlener. Das Unternehmen belegt gleichfalls eine ungenutzte Wand mit Beschlag, die von vielen Passanten gesehen wird. Trotzdem ist dieser Ansatz weitaus direkter, wenn auch kaum weniger kreativ – eine Wand als riesiges Plakat. Die mode- und designbewusste Umgebung fiebert stets aufs Neue dem jüngsten Design entgegen, das auf dieser Wand präsentiert wird.

„*Spolien* können als Methode zur Formgebung eingesetzt werden, indem man sich Objekte zu eigen macht, deren Bedeutung verloren ging, für immer in Vergessenheit geriet oder im Laufe der Zeit immer unklarer wurde. Dieser Ansatz bewirkt häufig – bewusst oder unbewusst – ein Reflektieren über die neue Verwendung bzw. Bedeutung des beschlagnahmten Fragments."

Graeme Brooker + Sally Stone

> „Das Gebäude hatte sein eigenes Leben, es wurde in seiner Geschichte ergänzt, zerlegt und immer wieder verändert. Wir griffen diesen Gedanken auf. Ich führe nur einen weiteren kleinen Eingriff im Leben dieses Gebäudes durch, das noch lange nach mir weiterexistieren wird. Ich habe nicht versucht, mich dem Bestehenden anzupassen, ich wollte mich auf einfühlsame Weise in die vorhandenen Räume einmischen."
>
> **Joshua Wrechts**

Fundstücke: Fallstudie 2

Name:
Wapping Project

Standort:
Wapping, England

Datum:
2000

Design:
Shed 54

Objekte, die die Geschichte und das Wesen eines Innenraums offenlegen, können einem Raum Charakter und Wert verleihen. Das Treibgut und die Überreste unserer industriellen Vergangenheit können einen Ort eine skurrile und nostalgische Atmosphäre atmen lassen.

Bei diesem Projekt verschrieben sich die Designer dem Ansatz, die frühere Nutzung des Gebäudes als Dekoration wieder aufleben zu lassen und eine Verbindung zu seiner mechanisierten und technisierten Vergangenheit zu schaffen. Das Wapping Project ist eine Galerie mit Restaurant, die in einer stillgelegten Pumpstation in East London eröffnet wurde. Die Designer behandelten das Gebäude mit Respekt und Wertschätzung für seine Qualitäten und Eigenschaften. Sie griffen nur sehr taktvoll und minimal in die robuste industrielle Struktur ein und vermieden bewusst eine Imitation des Stiles oder die Verarbeitung von Details der vergangenen Epoche. Neu und Alt sind augenfällig verschieden, aber die neuen Elemente nehmen einen ähnlichen Rang ein wie das Originalinventar – ihre Sprache schlägt einen passenden industriellen Ton an, der im Verständnis dieses Raumes wurzelt. Die Turbinenhalle steht unter Denkmalschutz, ebenso die Pumpen, Turbinen und Rohrleitungen aus den 1890ern. Die Designer erhielten ganz bewusst die „vorgefundenen" Qualitäten des Gebäudes bis hin zu den 186 Meilen Rohrleitungen, durch die man die verschiedenen Teile Londons mit Wasser versorgte.

Die Designer hatten erkannt, dass es am besten war, möglichst wenig am Gebäude selbst zu verändern, um seinen rohen, industriellen Charakter zu erhalten. Sie bewahrten den groben, einsatzbereiten Zustand der Turbinenhalle, einschließlich der Turbinen, Schalt- und Bedientafeln. Das neue Restaurant wurde um diese festen Elemente herumgebaut. Ein frei stehender Edelstahlkasten beherbergt die Küche. Die leuchtend gelben Verner-Panton-Stühle stehen in selbstbewusstem Kontrast zu den olivgrünen Maschinen. Die Galerie zog in das entkernte Kesselhaus ein, und eine neue, von der Industriearchitektur beeinflusste Stahltreppe verbindet das Restaurant mit dem Ausstellungsraum.

Rechts:
Eingang zur Turbinenhalle
Die Anordnung der Inneneinrichtung spiegelt die rechtwinklige Form des Gebäudes wider.

Unten:
Im Pumpenhaus
Die Edelstahlküche wurde diskret hinter den stillgelegten Maschinen platziert.

Links:
Essbereich
Die leuchtendgelben Verner-Panton-Stühle kontrastieren mit den rostigen grünlichen Industriemaschinen.

Raumnutzung

Der Designer kann einen Innenraum kreieren, der in nachhaltiger Weise genutzt wird. Man kann die Nutzer z.B. dazu ermuntern, natürliches Licht künstlichem vorzuziehen, indem man Einheiten gestaltet, durch die Licht in die Raummitte fällt. Passive Formen zur Temperaturregulierung tragen ebenfalls dazu bei, Energie einzusparen. Die Art, wie ein Raum genutzt und bewohnt wird und inwieweit der Designer dies kontrollieren kann, sind von elementarer Bedeutung für unsere Umwelt.

Rechts:
Schnitt
Der Hauptkörper der Bibliothek befindet sich hinter der Fassade. Die roten Pfeile zeigen den natürlichen Lichteinfall, die blauen den Strömungsverlauf der kühlen, frischen Luft.

Links oben:
Empfang
Der Empfang im Erdgeschoss steht in direkter Verbindung mit dem außen gelegenen Garten.

Links unten:
Lesesaal
Natürliches Licht und frische Luft strömen durch die Lücke zwischen der Originalfassade und den neuen Elementen.

Ganz oben:
Bibliothek
Die Front des ursprünglichen Gebäudes erhielt man, um den Bezug zur Geschichte des Viertels nicht abreißen zu lassen.

> „Architekten und Ingenieure müssen danach streben, in Gebäuden eine stärkere Balance zwischen Ressourcenverbrauch und Leistung zu schaffen. Weniger ist mehr – dieser berühmte Aphorismus von Mies van der Rohe sollte in weniger Material- und Energieeinsatz und mehr Komfort und Wert umgesetzt werden."
>
> **Brian Edwards und Paul Hyett**

Raumnutzung: Fallstudie 1

Name:
The Women's Library

Standort:
Whitechapel, England

Datum:
2002

Design:
Wright & Wright Architects

Nachhaltigkeit und Energieeffizienz können selbst bei alten Gebäuden berücksichtigt werden. Man setzt hierfür passive Methoden zur Kontrolle der Innenraumbedingungen ein, die die neue Funktion des Baues unterstützen.

Die Women's Library wurde 1926 von der berühmten Frauenrechtlerin Millicent Fawcett gegründet und beherbergt eine der umfassendsten Literatursammlungen über das Leben von Frauen – von politischem Aktivismus bis hin zu Protokollen häuslichen Lebens. Die Sammlung wurde 1977 zusammengeführt und ist nun in einem ehemaligen öffentlichen Badehaus im Londoner East End untergebracht. Die Designer entschieden sich für den Erhalt der Originalfassade und den vollständigen Neubau des dahinterliegenden Komplexes. Obwohl das 1846 errichtete Gebäude unter Denkmalschutz steht, erhebt sich nun hinter der umgestalteten Fassade ein sechs Stockwerke hoher neuer Komplex. Die so erhaltene Fassade soll ein Symbol der Anerkennung jener Arbeit darstellen, die Frauen im 19. Jahrhundert leisteten.

Bei der Entwicklung und Umsetzung dieses Projekts wurde besonders auf seine Umweltfreundlichkeit geachtet. Das Hauptgebäude bildet eine Mauerstruktur mit thermisch wirksamer Masse, und die meisten Räume werden natürlich belüftet. Natürliches Licht wird so oft wie möglich genutzt, und die starke Isolierung des Gebäudes sorgt für eine Verringerung des Heizbedarfs. Das Archiv platzierte man im dritten Stock und setzte für ein kontinuierliches Raumklima eine umweltfreundliche Klimaregulierung ein. Die Designer kreierten ein Gebäude, das nicht direkt an die alte Gebäudefassade angebaut wurde, sondern etwas davon abgesetzt ist. Dadurch entsteht ein Zwischenraum, durch den die Luft zirkulieren kann. Der so entstehende Luftstrom kühlt das Gebäude. Wright & Wright und die Ingenieure von Ove Arup schätzen, dass diese energiesparenden Elemente den Bedarf an komplexen Klimaanlagen verringern und den Energieverbrauch des Gebäudes um 20 % reduziert haben.

„Die leere Bühne eines Zimmers ist räumlich festgelegt durch Grenzen; sie wird von Licht belebt, durch ihr Zentrum geordnet und schließlich von der Aussicht befreit."

Charles Moore
Gerald Allen
Donlyn Lyndon

Raumnutzung: Fallstudie 2

Name:
Water Tower House

Standort:
Shooters Hill, London, England

Datum:
2000

Design:
Loates-Taylor Shannon Ltd
(LTS Architects)

Die Wiederverwertung ungewöhnlicher und eindrucksvoller Gebäude führt nicht selten zum Design von einzigartigen und wunderbaren Innenräumen.

In folgendem Beispiel wurde ein 120 Jahre alter viktorianischer Wasserturm auf dem Gelände eines ehemaligen Krankenhauses im Südosten Londons, zu einem extravaganten Eigenheim mit atemberaubenden Ausblick umgestaltet.

Das Haus ist ein zweistöckiger Pavillon, von dem eine überdachte Brücke zu den acht neuen Geschossen des Turmes führt. Der Pavillon beherbergt Eingang, Küche, Wohn-/Esszimmer und zwei Schlafzimmer mit Bad, während im vormals leeren Turm weitere Zimmer, Badezimmer und eine Aussichtsplattform untergebracht sind. Eine Treppe, die teils aus vorhandenen Kragsteinen, teils aus neuem Stahl besteht, sowie ein sehr praktischer Hydrauliklift verbinden alle Räume. Der gewaltige gusseiserne Tank auf dem Turm, der bis zu 80 t Wasser fassen konnte, wurde entfernt und durch ein Glasobservatorium ersetzt. An einem guten Tag bietet es Ausblicke über ganz London.

Die durch Solarenergie in dem neuen Glaskasten erzeugte Wärme fördert die Luftzirkulation durch das gesamte Haus. Im Erdgeschoss wird kühle Luft angesaugt, strömt durch die Küche und erwärmt sich dabei. Über die offene Treppe steigt sie nach oben und ersetzt schließlich die an der Spitze austretende wärmere Luft. Der Turm strahlt noch immer ein viktorianisches Ambiente aus. Die Ziegel wurden gereinigt und beschädigte Terrakottaformen nach den alten Mustern nachgebaut. Zwischen Turm und Pavillon ist sogar ein flacher, abgestufter Pool eingebettet, der an die ursprüngliche Funktion des Gebäudes erinnert. Die Designer haben erfolgreich einen Raum mit einer völlig neuen Funktion geschaffen, ohne die Nachhaltigkeit, Energieeffizienz oder den Gesamtkontext aus dem Blick zu verlieren.

Oben:
Kontextuelle Einbindung
Das ganze Haus wurde mit eindrucksvollen Elementen durchkomponiert.

Linke Seite:
Ansicht
Der Behälter in der Spitze dieses Turmes fasste früher 80 t Wasser.

Oben:
Observatorium
Der Pavillon auf dem Dach des achtstöckigen Turmes bietet herrliche Ausblicke über London.

Unten:
Innenraum des Pavillons
Der helle und offene Pavillon steht in direktem Kontrast zur beengten, abgeschlossenen Charakteristik des Turmes.

Nachhaltigkeit gilt zunehmend als einer der wichtigsten Aspekte für Designs im 21. Jahrhundert. Bei der Gestaltung neuer Innenräume muss die Nachhaltigkeit deshalb nicht nur bei der Art der Raumgestaltung berücksichtigt werden, sondern auch für die Nutzung des Raumes. Beim Entwurf neuer Räume kann der Designer aus einer ungleich größeren Palette an Materialien auswählen, und er kann viel gezielter auf Wetterbedingungen, Klima und andere Umweltaspekte reagieren. Die sorgfältige Abwägung dieser Faktoren ist unabdingbar, um die Nachhaltigkeit und Energieeffizienz eines Raumes zu gewährleisten.

Name:
Fundació Pilar i Joan Miró
(s.S. 132+133)

Standort:
Palma de Mallorca, Spanien

Datum:
1993

Umweltbewusstsein

Nachhaltiges Design für einen neuen Innenraum umfasst viele verschiedene Aspekte. Die Notwendigkeit, den Energiebedarf des täglichen Lebens zu reduzieren, erlegt dem Designer die Verantwortung auf, die Bauweise eines Raumes und die spätere Nutzung seines Designs sorgfältig zu durchdenken. In diese Überlegungen muss er die Materialverwendung und ihre Beschaffung ebenso einbeziehen wie die Baumethoden und die Maßgabe, einen sowohl komfortablen als auch umwelttechnisch ausgewogenen Raum zu gestalten.

Ressourcen

Design heißt auch Materialentscheidungen treffen: Man kann z.B. Stoffe verwenden, die so wenig Verschmutzung wie möglich produzieren, wie etwa natürliche statt künstlich gefertigte. Ferner sollten die Auswirkungen des Materialtransports berücksichtigt werden. Schweres und sperriges Material kann man vor Ort beschaffen und so wertvolle Energie für leichte, besonders wertvolle oder zentrale Elemente einsparen.

Wetter

Spezielle Wetterbedingungen können vorteilhaft in das Raumdesign integriert werden. Der Designer kann eventuell das einfallende Sonnenlicht oder den Schatten in einem Raum bewusst steuern oder vielleicht mit traditionellen Lösungen die Qualität der Raumgestaltung verbessern.

Recycling

Ein weiteres Kernthema des 21. Jahrhunderts ist das Recycling: Materialien, Räume und sogar ganze Gebäude können recycelt oder wiederverwendet werden. Der Recyclingprozess ist aber oft energieintensiver, da der Trennprozess von Materialien in die einzelnen Bestandteile mehr Energie kostet als die einfache Wiederverwendung.

Fundstücke
Fundstücke können einem Innenraum Leben einhauchen, ihm einen Funken Originalität, Dramatik oder Nostalgie verleihen.

Raumnutzung
Innenräume müssen so designt sein, dass ihre Nutzer darin energieeffizient leben und arbeiten können, ohne die Funktion des Gebäudes einzuschränken.

Oben:
Thermalbad, Vals, Schweiz
(s.S. 128+129).

Umweltbewusstsein

Die Brundtland-Kommission, 1983 von den Vereinten Nationen ins Leben gerufen, legte 1987 ihren Abschlussbericht *Unsere gemeinsame Zukunft* vor. In diesem wird nachhaltige Entwicklung definiert als „Entwicklung, die die Bedürfnisse der Gegenwart befriedigt, ohne zu riskieren, dass spätere Generationen ihre eigenen Bedürfnisse nicht mehr befriedigen können“. Diese Definition ist bewusst unpräzise und erlaubt die unterschiedlichsten Lesarten, während sie gleichzeitig ein erstrebenswertes Ziel oder eine anzustrebende Norm setzt.

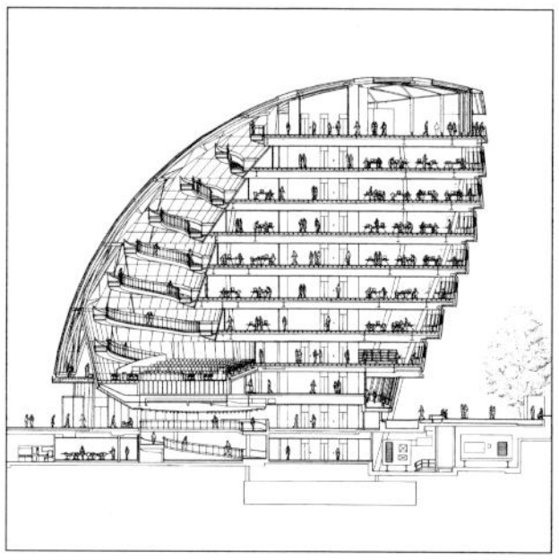

Umweltbewusstsein: Fallstudie 1

Name:
City Hall

Standort:
London, England

Datum:
2002

Design:
Foster + Partners

Dank der sich ständig weiterentwickelnden Techniken und Technologien können Designer die Umweltbedingungen besser abschätzen und leichter nachhaltige, umweltbewusste und effiziente Designs entwerfen.

Das Architekturbüro Foster + Partners räumt nachhaltigem Design einen hohen Stellenwert ein und steht im Ruf, besonders umweltverträgliche Gebäude zu kreieren. So hat das Büro seine eigene Variante der bereits etablierten Definition von nachhaltigem Design entwickelt. Nachhaltigkeit wird darin als die Schaffung von Gebäuden beschrieben, die energieeffizient, gesund, komfortabel, flexibel in ihrer Nutzung und für eine lange Lebensdauer konzipiert sind.

Die City Hall bzw. das Greater London Authority Building steht in exponierter Lage gegenüber den Touristenattraktionen Tower of London und London Bridge an der South Bank der Themse. Das Gebäude ist im Grunde sehr schlicht: eine Reihe gestapelter Ebenen, umhüllt von einer Glas- und Stahlhaut. Seine einzigartige Gestalt entspringt jedoch hoch entwickelter Modellsoftware, die die Bewegung und den Einfluss des direkten Sonnenlichts auf das Gebäude in eine Form gegossen hat. Der Computer berechnete die Sonneneinstrahlung auf das Gebäude für jeden Tag des Jahres und passte das Design entsprechend an. Millionenfache Berechnungen generierten schließlich die Form und den Grad der Lichtundurchlässigkeit jedes einzelnen Glasteils, das man in die Außenhaut einfügte.

Die Südseite ist dem Sonnenlicht am stärksten ausgesetzt. Die Gleitbauweise der Plattenebenen verringert die mit der Solarnutzung einhergehenden Probleme. Jede Ebene überragt die darunterliegende und fungiert so als Schattenspender.

Die der Themse zugewandte Nordfassade erhält nur ein Minimum an Sonne, und folglich ist die Verglasung nicht schattiert. Darüber hinaus verfügen alle Fassaden über mechanisch betriebene Jalousien zur Schattenmaximierung.

Das Design von Foster + Partners zielt auf eine Minimierung des Energieverbrauchs und die Reduzierung des Energiebedarfs um 75 % gegenüber einer klassischen Klimaanlage in Bürogebäuden ab. Das Gebäude ist mit natürlichen Lüftungs- und Klimakontrollsystemen ausgestattet wie z.B. natürlich gekühltem Grundwasser, das aus Bohrlöchern stammt, die hundert Fuß tief in den Londoner Tonboden hineingetrieben wurden. Eine 730 m lange Rampe führt über die zehn Stockwerke des Gebäudes bis zu einer Aussichtsplattform auf dem Dach hinauf. Wie beim ebenfalls von Foster designten Reichstag in Berlin eröffnet die Rampe nicht nur eindrucksvolle Ausblicke über die Stadt, sondern man kann auch in den Plenarsaal und auf die Politiker hinabblicken.

Linke Seite:
Schnitt
Die schützenden, überlappenden Ebenen sind klar erkennbar.

Rechts:
Nachtansicht
Die computergenerierte, organische Form des Gebäudes bildet ein eindrucksvolles Element der Londoner Skyline.

Oben:
Plenarsaal
Die spiralförmige Rampe lässt den Blick einerseits weit über das Stadtpanorama schweifen und ermöglicht andererseits auch die intensive Fokussierung des Plenarsaals.

Unsere gemeinsame Zukunft

Der Abschlussbericht der Brundtland-Kommission wurde von einer internationalen Gruppe an Politikern mithilfe von Fachleuten für Umweltentwicklung erarbeitet. Er gilt als bahnbrechendes Dokument, da er die Aufmerksamkeit der Welt auf die Notwendigkeit von nachhaltigem Design lenkte und den Rahmen für die Erhaltung unserer Umwelt vorgab.

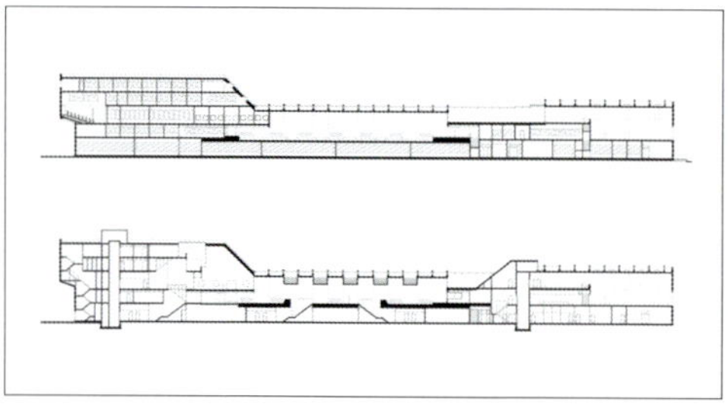

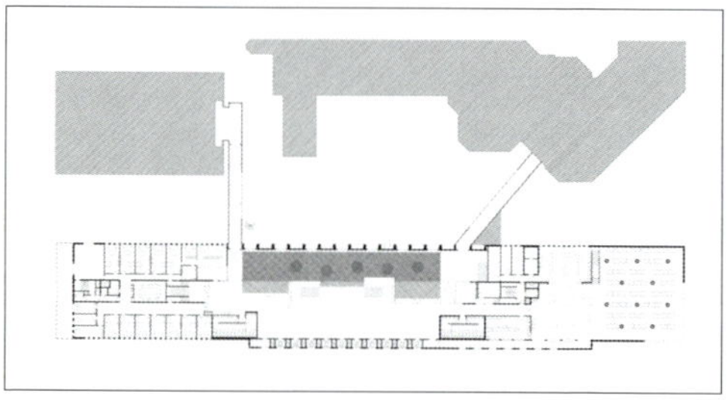

Mitte:
Foyer
Der flache Pool nimmt einen Großteil des Raumes ein. Beachten Sie die roten Separees in der gegenüberliegenden Wand.

Links unten:
Muschelbecken
Regenwasser fließt vom Dach in die Becken mit Herzmuscheln, die das Wasser filtern, bevor es verteilt wird.

Links oben:
Längsschnitte
Der erste Stock beherbergt die Innenraumlandschaft.

Rechts oben:
Plan
Das Foyer im ersten Stock ist über Brücken mit den Gebäuden der Nachbarfakultäten verbunden.

> „Nachhaltiges Design ist eine Designphilosophie, die nach höchster Qualität der künstlich errichteten Umwelt strebt, während sie zugleich die negativen Auswirkungen auf die natürliche Umwelt zu minimieren oder eliminieren versucht."
>
> **Jason F. McLennan**

Umweltbewusstsein: Fallstudie 2

Name:
Minnaert-Gebäude

Standort:
Utrecht, Niederlande

Datum:
1998

Design:
Neutelings Riedijk Architects

Gelegentlich schirmen sich auch moderne Innenräume von ihrer Umwelt ab. Temperatur und Lichtqualität bleiben dann konstant und die verschiedenen Jahreszeiten sind kaum oder gar nicht wahrnehmbar.

Die Designer des Minnaert-Gebäudes wollten hingegen, dass die Nutzer mit dem ständigen Wandel der natürlichen Umwelt in Kontakt treten und diesen wieder zu schätzen wissen.

Das auffällige Minnaert-Gebäude mit seinem rätselhaften „rotgeäderten" Äußeren steht in der nordwestlichen Ecke des Uithof-Universitätskomplexes. Rem Koolhaas entwarf den Bebauungsplan und gestaltete das Areal für die Fakultäten Geowissenschaften, Physik und Astronomie, Mathematik und Informatik.

Die umweltspezifischen Anforderungen an das Gebäude trugen wesentlich zum Entwurf eines höchst ungewöhnlichen Innenraums bei. Das im ersten Stock untergebrachte Foyer fungiert nicht nur als Empfangshalle, sondern dient den Studenten auch als Raum für soziale Interaktionen. Über die Länge der einen Gebäudeseite wurden hellrote Sitzbänke verteilt, vor die eine Schutzwand gebaut wurde, die aber immer wieder von einem maurischen Motiv durchbrochen wird. Auf der anderen Seite der Empfangshalle erstreckt sich ein riesiger, flacher Wasserpool. Er misst 10 x 50 m und ist mit Regenwasser gefüllt, das in Kaskaden aus großen Öffnungen im Dach in die Halle stürzt. Jede Öffnung liegt direkt über einem großen Becken mit Herzmuscheln. Diese Tiere klären das Regenwasser auf natürliche Weise, bevor es seine Reise fortsetzt. Der Pool übernimmt die Funktion einer großen Kühlanlage für das Gebäude. Die Auditorien, Laboratorien und Computerräume generieren gemeinsam mit der Beleuchtung und den Menschen sehr viel Wärme, die selbst im Winter eine permanente Kühlung erforderlich macht. Tagsüber wird das Wasser aus der Halle durch das Gebäude gepumpt, um die überschüssige Wärme zu absorbieren. Abends wird es dann auf das Dach geleitet, wo es sich unter dem Nachthimmel abkühlt.

Ebbe und Flut durchströmen den Pool je nach der Jahreszeit, und so knüpft er ein neues Band zwischen den Studenten und der natürlichen Welt. Das natürliche Licht verstärkt den Effekt, wenn es durch die Dachöffnungen in das Gebäude fällt. Die Atmosphäre im Inneren der Halle hängt ganz von den äußeren Wetterbedingungen ab, wohingegen die Temperatur des Komplexes aufgrund des Wassers, das aus der Oase in seinem Herzen durch das Gebäude gepumpt wird, relativ konstant bleibt.

Ressourcen

Bei der Gestaltung neuer Räume muss der Innenarchitekt, was die Materialwahl betrifft, unzählige Möglichkeiten und Faktoren in Betracht ziehen. Die Materialien, die er einsetzt, wirken sich in beträchtlichem Maße auf die Effizienz und Nachhaltigkeit des Projekts aus.

Ressourcen: Fallstudie 1

Name:
Studio der Camlin Lonsdale Landscape Architects

Standort:
Llangadfan, Wales

Datum:
1990

Design:
Francis Roberts Architects

Die für einen Neubau eingesetzten Materialien können direkt der lokalen Tradition bzw. dem traditionellen Baustil entspringen und dadurch eine klare Anbindung an den unmittelbaren Kontext etablieren. Das Gebäude kann auf diese Weise eine einzigartige Form annehmen, obwohl die Kontinuität und Beständigkeit der Tradition gewahrt bleibt.

Diesen Ansatz vertraten Francis Roberts Architects beim Design dieses Studios im Herzen des ländlichen Wales. Das Studio steht am Rand einer kleinen Gruppe von Farmgebäuden, Höfen und anderen Agrarräumen. Das bescheidene Gebäude sollte sich ganz natürlich in seine Umgebung integrieren, komfortabel und gleichzeitig eigentümlich erscheinen, Charakter zeigen und große gestalterische Sensibilität erkennen lassen. Landwirtschaftlichen Gebäuden wohnt traditionell ein funktionaler Brutalismus inne, sie sehen oft eigenartig aus, da der Zweck ihre Form bestimmt. Dies lieferte die Inspirationsquelle für das Design. Das Gebäude sieht dennoch nicht landwirtschaftlich aus: Es wirkt wie ein Studio, nur eben mitten in Wales. Die Struktur besteht aus einer rechteckigen Schachtel mit einem einfachen Pultdach, aber diese Schlichtheit täuscht über die Komplexität der gedanklichen Leistung und Organisation hinweg. Die von der Straße sichtbare Südansicht wurde absichtlich niedrig gehalten, und das lang gestreckte, schmale Fenster verstärkt die gedrungene, intime Qualität dieser Fassade. Das Pultdach strebt weg von der Fassade und schmälert die Wirkung des Gebäudes noch mehr. Fenster im Dach sorgen für eine kontrollierte Beleuchtung des Obergeschosses, während die Dachtraufe ein gewisses Maß an Schatten spendet.

Die gegenüberliegende Gebäudeseite ragt jäh in die volle Höhe auf, die Fenster sind schmal, und es entsteht der Eindruck einer starken Textur am Rand der Gebäudegruppe. Die westlichen und östlichen Enden sind einfach und funktional, die Öffnungen ganz im traditionellen Stil an der Stelle platziert, wo sie benötigt werden, und nicht einem rationalen Muster oder einer Ordnung folgend.

Wie die benachbarten Scheunen wurde das Gebäude aus Holz der Region gefertigt und damit verkleidet. Die Innenräume und ihre Funktionen bestimmen diese exponierte Struktur und geben sie vor, und obwohl das Gebäude stark frequentiert wird und vollgestopft ist, verleiht die klare Struktur diesem Haus eine heiter gelassene Atmosphäre. Der Fokus ist zwangsläufig auf die Landschaft gerichtet, und bestimmte Öffnungen geben den Blick auf besondere Merkmale frei. Die Materialien und die angewandten Bautechniken verankern das Gebäude in dieser besonderen Landschaft. Man könnte meinen, das Studio habe seinen Platz schon immer an diesem Ort gehabt, obschon es zu zeitgenössisch wirkt, um real zu sein.

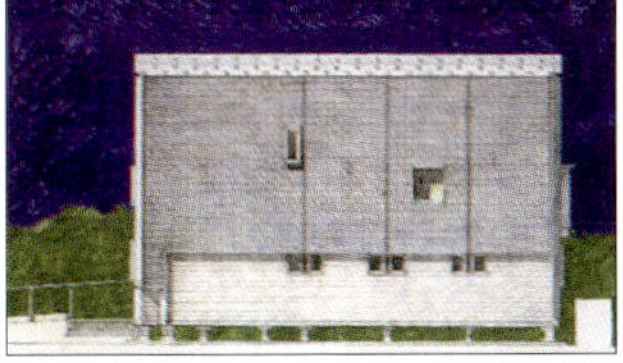

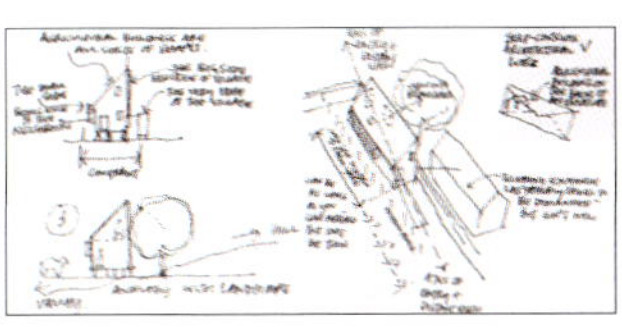

Links:
Bleistift- und Kreidezeichnung
Schieferdach und Holzvertäfelung wurden sorgfältig aufgezeichnet.

Unten:
Konzeptskizze
Das Gebäude erhielt seine Form durch seine Beziehung zur Landschaft.

Oben:
Eingang zum Studio
Das Gebäude markiert den Rand der kleinen Gemeinde.

Oben:
Gebäudefront
Die großzügigen Öffnungen schaffen einen direkten Bezug zwischen dem Gebäudeinneren und der Landschaft.

Unten:
Eingangstreppe
Die Eingangstreppe führt durch einen dunklen, gemessenen Raum.

Oben:
Der zentrale Pool
Die Beleuchtung im Dach enthüllt die horizontalen Schichten des lokal gewonnenen Steines.

Links:
Fuß der Treppe
Der Blick durch den Innenraum auf das Licht erhellt die Dunkelheit im Eingangsbereich.

„Was konstituiert das Gefühl eines spezifischen Ortes? Natürlich sind es die ihn konstituierenden Elemente, die die natürlichen, physischen und sozialen Realitäten reflektieren. Sie sind Ausdruck und Erfahrung besonderer Naturgegebenheiten, Geografie, Landschaft, lokaler Materialien, Fertigkeiten und kultureller Muster."

Juhani Pallasmaa

Ressourcen: Fallstudie 2

Name:
Thermalbad

Standort:
Vals, Schweiz

Datum:
1995

Design:
Peter Zumthor

Sowohl das Design als auch die Umwelt profitieren von vor Ort gewonnenen Materialien und lokalen Bautechniken.

Vals ist ein abgeschiedenes Bergdorf im Valsertal, das zum Kanton Graubünden gehört. Das Dorf erblühte aufgrund des reichlich im Tal vorkommenden Valserwassers, eines mineralreichen Quellwassers, das über die außergewöhnliche Eigenschaft verfügt, sich bei Kontakt mit Luft hellrot zu verfärben. Als das Hotel, das man an der schönsten Quelle gebaut hatte, Insolvenz anmeldete, kaufte die Gemeinde das Gebäude und beauftragte den Schweizer Architekten Peter Zumthor mit dem Entwurf eines neuen Thermalbads, um den abgelegenen Ort mit einem herausragenden Reiseziel auszustatten. Zumthor ist international bekannt für seinen kontextsensitiven Ansatz, der in seinem Verständnis für den traditionellen Schweizer Baustil wurzelt.

Das Bad liegt in einem von steilen Felswänden begrenzten Tal, eingebettet in den Hang. Eine dichte grüne Rasenfläche bildet das Dach, auf dem die Hotelgäste umherwandern können, ohne zu ahnen, was sich unter ihren Füßen verbirgt. Der Zugang erfolgt durch einen unterirdischen Tunnel von der Hotelrezeption aus. Er ist kaum mehr als ein langer Betonkorridor, dessen eine Seite vom Mineralwasser verfärbt ist, das aus Kupferrohren an der Wand in einen Rost im Boden fließt. Auf seiner anderen Seite betritt man luxuriöse Umkleiden. Dieser Eingang bereitet den Besucher in keinerlei Weise auf die Dimension, Wirkung und Schönheit des eigentlichen Bades vor.

Der Innenraum gleicht einem gewaltigen Monolithen, der aus dem Hang geschlagen wurde, mit Höhlen, Nischen und Schluchten zum Baden im beheizten Wasser, Eintauchen und sich Treiben lassen. Die Becken sind wie Steinhöhlen um einen zentralen Pool und einen großen Außenpool angeordnet. Dazwischen liegen Tauchbecken, Blütenbäder und sogar eine tief in den Stein geschlagene, versunkene Höhle in der gregorianische Choräle erklingen.

Die epische Aura des Raumes wird durch den Gneis verstärkt, der Steinschicht um Steinschicht angeordnet wurde und sich sowohl innerhalb als auch außerhalb des Gebäudes als Verkleidung wiederfindet. Er stammt aus dem lokalen Steinbruch und passt perfekt zu dieser Umgebung. Die Beschaffung schwerer Materialien in nahe gelegenen Quellen ist sehr nachhaltig, da so der Energieverbrauch für den Transport verringert wird. Die Platten sind lang und dünn, wodurch die massive und texturierte Qualität des natürlichen Materials hervorgehoben wird. Licht wird im Innenraum eindrucksvoll in Szene gesetzt. Schmale Schlitze im Dach senden lebendige Lichtstrahlen in den Raum, die über die Wände aus geschichtetem Stein wandern und die Dramatik im Inneren zusätzlich steigern. Die großzügigen Öffnungen verbinden den Besucher visuell mit der Landschaft, und die für den Bau verwendeten lokalen Materialien verankern das Gebäude in seinem Kontext.

Ein neuer Innenraum gibt dem Designer die Gelegenheit, die besonderen Wetterverhältnisse der Lage für sich zu nutzen. Er kann die Einflüsse der Wetters auf das Gebäude steuern und auf diese Weise die Qualität des Innenraums steigern. In einem heißen Klima kann er den Gegensatz zwischen Sonne und Schatten wirkungsvoll aufgreifen, in einem kühleren Klima hingegen mit der Schönheit von Regen oder Schnee arbeiten.

Wetter: Fallstudie 1

Name:
Blumenkiosk

Standort:
Friedhof Malmö, Schweden

Datum:
1969

Design:
Sigurd Lewerentz

Die Arbeit an einem Neubauprojekt versetzt den Designer in die Lage, die klimatischen Rahmenbedingungen eines Gebäudes in vollem Umfang einzubinden.

In einem seiner letzten und einflussreichsten Projekte verwob Lewerentz das schwedische Gespür dafür, alles auf seine einfachste Form zu reduzieren, mit der minimalistischen Ästhetik des Modernismus. Mit einer unglaublich unkomplizierten Struktur antwortet die Architektur des Blumenkiosks auf die klimatischen Bedingungen dieser Gegend.

Beton, Kupfer, Glas, Keramik und Schichtholz – das gesamte Gebäude wurde aus einer minimalistischen Materialpalette konstruiert. Die unbehandelte Sperrholzschalung wurde mit Beton ausgegossen, wodurch der Kiosk seine grobe, texturierte Oberfläche erhielt. Das gewellte Pultdach ist aus Kupfer gefertigt, schmucklose Glasscheiben, die in den Beton eingesetzt wurden, dienen als Fenster und wirken, als habe man sie in die Wände eingeebnet. Die Dachtraufe ist riesig und bildet einen Überstand mit vielen Funktionen: Er dient im Sommer als Schattenspender für die Ladenfront und schützt im Winter die Auslagen vor Regen und Schnee. Er hält den vorherrschenden Südwestwind ab und macht eine Regenrinne überflüssig: Das Regenwasser ergießt sich ungehindert auf die Straße und bei einem starken Regenschauer entsteht ein zauberhafter Vorhang aus Wasser. Die zwei Fenster erfüllen völlig unterschiedliche Funktionen. Das Südfenster fungiert als langes Schaufenster, die nördlichen Fenster hingegen sitzen hoch oben neben dem Dach und lassen das gleichmäßige Licht des Nordens über die Decke fluten.

Der Innenraum ist ebenfalls auf Funktionalität ausgerichtet. Der Bodenbelag besteht aus Keramikfliesen mit breiten, leicht angehobenen Fugen, um die Rutschgefahr zu minimieren. Unbehandelter Beton dominiert die Innenwände, an denen die elektrischen Leitungen sorgfältig mit Nägeln befestigt wurden. Die Decke ist mit Aluminium ausgekleidet, wodurch das Licht in das Herz des Raumes zurückgeworfen und die Wärme reflektiert wird. Lewerentz schuf ein klares, schlichtes Gebäude, das auf die Bedürfnisse der Nutzer und die klimatischen Bedingungen an seinem Standort abgestimmt ist.

Oben:
Außenansicht des Ladens
Die riesige Dachtraufe schützt das Ladenfenster.

„Lewerentz' architektonische Sprache ist geprägt von einem leidenschaftlichen Realismus, kombiniert mit einer tiefen Faszination von Materialien und dem Streben nach Einfachheit."

Claes Caldenby
Jöran Lindvall
Wilfred Wang

Oben:
Rückansicht
Die grob montierten, wuchtigen Fenster werfen das gleichmäßige Licht des Nordens in das Herz des Raumes.

Oben:
Der Spiegelpool
Eine Brise weht, gekühlt vom Wasser im Pool, durch die Luftschlitze in der Wand.

Kamineffekt
Der Kamineffekt basiert auf der natürlichen Eigenschaft von Luft aufzusteigen, sobald sie erhitzt wird. Wird diese Luft durch kühlere ersetzt, entsteht ein natürliches Zirkulationssystem. Die hereinströmende Luft kann auf unterschiedliche Weise gekühlt werden, wie diese einfachen Methoden veranschaulichen: Lenkt man die Luft über eine Wasserfläche, senkt die Feuchtigkeit die Temperatur ab, erhöht man die Geschwindigkeit der Luftbewegung, wirkt die Brise kühlend auf die Atmosphäre.

Wetter: Fallstudie 2

Name:
Fundació Pilar i Joan Miró

Standort:
Palma de Mallorca, Spanien

Datum:
1993

Design:
Rafael Moneo

Mit kleinen, nützlichen Elementen, die er vor dem Hintergrund einer weitaus umfassenderen Komposition gestaltet, kann der Designer die Qualität eines großen Raumes beeinflussen.

Im heißen Klima Mallorcas nutzte Rafael Moneo die natürlichen Eigenschaften von Licht und Wasser, um eine Atmosphäre der Kühle und des Charakters zu schaffen, die die Gemälde, Zeichnungen und Skulpturen von Joan Miró umgibt.

Der Architekt platzierte das Stiftungsgebäude behutsam zwischen dem Mandelhain, der sich über den sanften Hang unterhalb des Gebäudekomplexes erstreckt, und dem Studio des Künstlers, das direkt neben der Straße liegt. Das Gebäude besteht aus einem sternförmigen Komplex mit der Kunstsammlung und einem linearen Element, in dem sich Eingang, Servicebereiche und Unterrichtsräume befinden. Zwischen diesen zwei gegensätzlichen Elementen herrscht eine spannungsgeladene Beziehung.

Das lange, schmale Gebäude liegt leicht erhöht über dem zersplitterten Bau; eine Treppe führt vom Foyer aus zum tiefer gelegenen Galeriebereich hinab. Wasserpools, von denen einer auf dem Dach des tiefer gelegenen Gebäudes platziert wurde, betonen die nuancierte Loslösung. Die Gartenarchitektur verstärkt die Differenzierung ebenfalls: Die obere Ebene ist rechtwinkelig geordnet, die unteren Gärten jedoch strahlen die gleiche Dynamik aus wie das sternförmige Gebäude.

In das rechteckige Gebäude integrierte der Architekt eine nach Süden ausgerichtete Kolonnade, von der aus der Besucher über das Galeriedach hinweg einen herrlichen Blick über die Insel bis zum Meer hat. Diese Arkade unterstützt darüber hinaus die Kühlung des Gebäudes. Der schmale Außenraum spendet den Zimmern im Inneren Schatten und reduziert die durch Sonneneinstrahlung erzeugte Wärme. Die schlanke Form begünstigt die Luftzirkulation und erzeugt einen leichten Wind, der ebenfalls kühlend wirkt. Dieser Effekt wird durch die Schlitze in der oberen Fassadenhälfte verstärkt, da sie die Luftbewegung fördern, indem sie die aufsteigende heiße Luft beim Hindurchströmen beschleunigen. Der Pool direkt unter diesem Bereich führt erneut kühlere Luft zu, und so entsteht ein kleiner, isolierter Kamineffekt. Die Bewegung des Wassers verbessert zudem die atmosphärische Qualität – beim Kräuseln spiegelt es sich auf der Unterseite der Kolonnade und im Innenraum. Dieses kleine Detail kreiert eine schöne und wirkungsvolle Umgebung, in der die Besucher keine Klimaanlage mehr benötigen, um sich wohlzufühlen.

Oben:
Abgeschirmter Fußweg
Die doppelte Außenhaut bietet einen geschützten Weg zwischen dem Gebäudeinneren und dem Außengelände.

Unten:
Außenansicht der Lamellenwand
Die Schlitze schirmen den Innenraum von der heißen Sonne ab und fördern die Luftzirkulation.

Die Wiederverwendung oder das Recyceln von Materialien kann als Akt größter Nachhaltigkeit bezeichnet werden. Man benötigt keine neue Energie, um natürliche Materialien zu gewinnen oder zu formen. Zudem kann die Wiederverwertung eine symbolische und emotionale Brücke zu den früheren Nutzern eines Ortes schlagen.

Recycling: Fallstudie 1

Name:
Kanzel, Basilica di Santa Maria Assunta auf Torcello

Standort:
Venedig, Italien

Datum:
Gründung: 639 n. Chr.,
Umbau: 9. Jahrhundert
Wiederaufbau: 12. Jahrhundert

Design:
Unbekannt

Die kreative Wiederverwendung kleiner Teile eines Gebäudes verweist auf einen geschichtlichen Bezug, eine Verbindung mit dem kollektiven Gedächtnis und verstärkt das Gefühl der Zugehörigkeit zu einem bestimmten Ort.

Die Venezianer haben das Sammeln und Wiederverwerten architektonischer Fragmente perfektioniert. In der Archäologie und Altertumsforschung nennt man diese Praxis „Spolia". Hierbei [illegible] Gebäuden geborgen und in anderen Gebäuden einer neuen Verwendung zugeführt.

Torcello gilt als die älteste permanent besiedelte Insel Venedigs und beherbergte einst die meiste Bevölkerung der Republik. Heute leben dort weniger als 100 Menschen. Die Basilica di Santa Maria Assunta wurde im 7. Jahrhundert errichtet und im 11. Jahrhundert im byzantinischen Stil umgebaut. Nach dem 12. Jahrhundert verlor die Kirche ihre Bedeutung und lag lange Zeit verlassen, als die Ausdehnung Venedigs, die Versumpfung der Kanäle und der Ausbruch von Malaria die Bevölkerung von Torcello dezimierte.

Die Basilika ist vor allem bekannt für ihr aufwendiges Mosaik mit einer Darstellung des Jüngsten Gerichts in der Apsis. Es stammt aus dem späten 11. Jahrhundert. Ebenfalls berühmt ist die Kanzel, die man aus Spolien zusammensetzte. Die Stufen wurden aus einigen Architraven und Reliefen [illegible] passend zuschnitt, um eine klare Kante für die Balustrade zu erhalten. Die Fragmente sind Überbleibsel der ersten Kirche, die einen direkten Bogen zur Struktur aus dem 10. Jahrhundert spannen. Die Wiederherstellung dieser Fragmente war keine rein willkürliche Geste, wie Patricia Fortini Brown erklärt:

„Die Rekonstruktion der Fragmente bis zu einem gewissen Grad an Vollständigkeit, die im Zuge des Gesamtkonzepts erfolgte, macht auf ein anderes durch und durch venezianisches Anliegen aufmerksam, das hier deutlich wird: die Kreation einer zeitlichen Verdichtung zwischen den wichtigsten Monumenten durch die Verarbeitung wiederentdeckter Relikte."[1]

Die Torcello-Kanzel wurde aus Fragmenten gebaut, die man auf schlichte, unkomplizierte Weise behandelte. Dieser Prozess versucht nicht, die Originalbedeutung zu verschleiern, sondern heißt sie vielmehr willkommen, indem er eine Verbindung von Geschichte und Zeit schafft.

1
Fortini Brown, P., 1996. *Venice and Antiquity*. New Haven, CT: Yale University Press

Links:
Blick aus dem Hauptschiff
Die Kanzel ruht erhöht auf verschiedenen Säulen.

Rechts:
Stufen zur Kanzel
Die Stufen wurden aus Fragmenten gefertigt, die man aus den früheren Ornamenten des Gebäudes rettete.

Spolia

Spolia ist ein antiker Terminus, der bis vor kurzem fast ausschließlich in Studien verwendet wurde, die sich mit dem römischen Altertum und dem Mittelalter befassten. Er bezeichnet das Recycling alter architektonischer Elemente durch ihre Integration in neue Gebäude. In jüngster Zeit taucht der Terminus häufiger im Zusammenhang mit zeitgenössischen Innenräumen auf, wo er einen Prozess veranschaulicht, bei dem man Elemente aus ihrer natürlichen Umgebung entfernt und in einem ungewöhnlichen oder veränderten Umfeld platziert.

Oben:
Korridor des Pavillons
Ein Schweizer Musiker wandert durch den Wald aus gestapelten Planken.

Rechts:
Rand des Pavillons
Beim Trocknen verströmt das Holz den Duft von Schweizer Nadelwäldern.

„Materialien, die in die Herstellung von Baustoffen einfließen, können am Ende des Gebäudelebens zurückgewonnen und in ein nützliches Produkt umgewandelt werden."

Brian Edwards

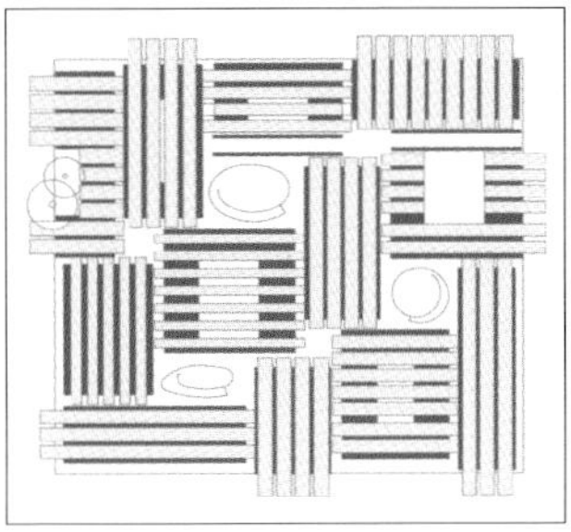

Recycling: Fallstudie 2

Name:
Expo 2000, Pavillon der Schweiz

Standort:
Hannover, Deutschland

Datum:
2000

Design:
Peter Zumthor

Der Designer ist nicht nur dafür verantwortlich, die Lebenserwartung eines Gebäudes oder Projekts zu berücksichtigen, sondern er muss auch die künftige Nutzung und Lebensdauer der in das Projekt eingebetteten Materialien mit einkalkulieren.

Diesen Ansatz realisierte Peter Zumthor in seinem Projekt für den Schweizer Pavillon bei der Expo 2000 in Hannover. Eine Weltausstellung ist eine Großveranstaltung, die meist den ganzen Sommer dauert und im Turnus international von verschiedenen Städten ausgerichtet wird. Sie präsentiert die kreativen und technischen Fähigkeiten der teilnehmenden Nationen. Die Ausstellungspavillons sind für gewöhnlich temporäre Einrichtungen, die die Charakteristik eines bestimmten Ortes symbolisieren und das designerische Potenzial zeigen. Der Schweizer Pavillon stellte dabei auf der Expo 2000 keine Ausnahme dar, jedoch enthüllte er auf seine ganz eigene Art europäisches Feingefühl.

Der Architekt entwarf den Pavillon als Labyrinth – eine Präsentation von Hölzern und Wäldern. Die Wände bestanden aus sauber gestapeltem, unbehandeltem Nadelholz, das in den eidgenössischen Wäldern geschlagen und in Holzwerken geformt wurde. Weder Nägel noch Leim wurden beim Zusammenbau verwendet. Stattdessen hielten mit Federzugstangen verbundene Stahlseile das Gebäude zusammen. Dadurch konnte das frische Holz trocknen und sich vor allem während des Prozesses bewegen. Die Konstruktion schrumpfte während der Ausstellung um ganze 120 mm. Das Pavilloninnere formte einen sinnlichen Raum, süß duftend und dunkel, der kurze Blicke durch die Ritzen zwischen den Holzbrettern in die anderen Pavillonräume ermöglichte. Zumthor bezeichnete das Gebäude als „Klangkörper". Regen, der in die galvanisierten Rinnen auf dem Dach fiel, erzeugte einen harten Klang im Inneren, und Musiker spielten traditionelle Schweizer Instrumente, während sie durch die rätselhaften Räume wanderten.

Doch alle Expo-Gebäude haben eine begrenzte Lebensdauer. Zumthor bedachte diese Tatsache schon beim Entwurf des Pavillons. Die Holzplanken waren kaum mehr als Baustoffe in Standardlänge und -dicke. Während der Expo konnten sie austrocknen, und die Stahlseile verhinderten, dass sich das Holz wellte oder verzog. So befanden sich die Bretter in einem sehr guten Zustand, um in einem neuen Projekt wiederverwendet zu werden.

Oben:
Plan
Runde Lichtungen im „Holzwald" lockern das atmosphärische Labyrinth im Innenraum auf.

Fundstücke

Die Wiederverwertung eines Fundstücks kann die Atmosphäre und Qualität eines Raumes stark verbessern. Es kann einem sonst eher nichtssagenden Ort einen Hauch von Nostalgie und Erinnerung verleihen oder eine eklektische Sammlung von Elementen und Räumen ergänzen. Das Objekt kann hervorragend zu einem Innenraum passen, aber aus einer anderen Epoche oder Kultur stammen, wodurch es geschickt in Szene gesetzt wird. Es kann aber auch als Fremdkörper wirken und so ein dramatisches Statement abgeben.

Fundstücke: Fallstudie 1

Name:
Bunny Lane House

Standort:
New Jersey, USA

Datum:
2001

Design:
Adam Kalkin (Innendekoration von Albert Hadley)

Die selbst entworfenen Häuser von Architekten bieten diesen für gewöhnlich Gelegenheit, nicht realisierte Ideen oder Obsessionen auszuleben.

Das Bunny Lane House des Architekten und selbst ernannten „amerikanischen Anarchisten" Adam Kalkin ist so ein Fall. Das ursprüngliche Haus in der ländlichen Gegend war ein klassisches zweistöckiges Haus mit Schindelverkleidung, errichtet in der landestypischen Holzbauweise. Anstatt das gewöhnliche Gebäude abzureißen, hüllte Kalkin es vollständig in einen Mantel aus Wellblech.

In dieser massiven Struktur, die man gewöhnlich auf einem Industriegelände vorfindet, sah Kalkin das Haus als Fundstück – ein historisches Fragment, das im tragenden Rahmen vollständig intakt blieb.

Das Gebäude hat sich zu einer eigenwilligen Sammlung verschiedener Einfriedungen entwickelt – Innenräume, eingebettet in andere Innenräume. Aus dieser Ambiguität ist ein neues, verschachteltes Haus hervorgegangen, das sowohl vertraut als auch surreal wirkt. Der einstige Vorgarten ist nun das Wohnzimmer und die Veranda das Esszimmer. Wände und Dächer, die vorher mit den Elementen gerungen hatten, wurden mit einem Streich aus diesem Kampf befreit.

Die Dimension und der Brutalismus des Containers steht in starkem Kontrast zur traditionellen Atmosphäre des Originalhauses und der Inneneinrichtung, die man sorgfältig über die Fläche des Erdgeschosses verteilte. Der Container wurde um das nördliche Ende des Hauses errichtet, während am anderen Ende eine hohe, sehr moderne dreistöckige Rahmenstruktur für die Arbeits- und Schlafzimmer eingefügt wurde. Durch diese Konstruktion entstand eine „hofartige" Lounge zwischen den zwei internen Strukturen. Riesige Schiebetüren aus Glas lassen natürliches Licht in den zentralen Raum fallen und stärken die Verbindung zwischen der Raumdimension der Containerkonstruktion und der umliegenden Landschaft. Dieses Design veranschaulicht eine extravagante Herangehensweise an ein Fundstück, bei der eine konventionelle Struktur dramaturgisch eindrucksvoll mit neuem Leben erfüllt und erweitert wird.

„Wir entstammen einer Kultur des Samplings. Ich ziehe durch die Welt, wähle Dinge aus, die ich meinen Erfahrungen und den Werken anderer, in die sie also schon viel Zeit und Energie investiert haben, entnehme, und verwende sie wieder – die Technik des Samplings. Ich glaube, dass wir von unermesslichem Reichtum umgeben sind."

Adam Kalkin

Unten:
Im Inneren des Containers
Das Originalhaus ist nur ein weiteres Stück in dieser Objektsammlung.

Oben:
Abenddämmerung
Die Öffnungen im Container reflektieren die angrenzenden Raumfunktionen.

Rechts oben:
Hauptgalerie
Gleichsam einer Prozession erheben sich die Objekte aus dem neuen Boden und schweben zwischen Himmel und Erde.

Links oben:
Museumsfassade
Das Studio Fuksas wurde beauftragt, die Stallungen der Villa in ein Museum für Archäologie umzugestalten.

Unten:
Obere Galerie
Die obere Galerie besteht aus einem klaren zeitgenössischen Einbau in den elegant verfallenen Ausstellungsraum.

„Alle erhaltenen Gebäude sind in ihrer Atmosphäre zwangsläufig durchdrungen von einer Art Fetisch. Die Idee der Veränderung bedeutet, eine Alternative zu Konservierung oder Abriss zu bieten, eine allgemeinere Strategie, um Gebäude über ihre Zeit hinaus zu bewahren."

Fred Scott

Fundstücke: Fallstudie 2

Name:
Museo Tuscolano

Standort:
Frascati, Italien

Datum:
2001

Design:
Massimiliano Fuksas

Einfache Techniken der Umgebungskontrolle können selbst in den größten Räumen eingesetzt werden.

Diesen Ansatz hat Fuksas beim Museo Tuscolano umgesetzt. Die Villa Aldobrandini aus dem 17. Jahrhundert liegt mit ihren Gärten in einer exponierten Lage in der Bergstadt Frascati, von der aus man bis nach Rom blicken kann. Das Gebäude wurde von dem Architekten Carlo Maderno designt, der auch die Fassade des Petersdoms entwarf, die von der Hügellage der Villa aus erkennbar ist. Das Studio Fuksas erhielt den Auftrag, die Stallungen der Villa in ein Museum für archäologische Exponate, eine zeitgenössische Galerie, ein Auditorium und Verwaltungsbüros umzugestalten.

Die Haupthalle des Stalles beherbergt den Ausstellungsraum, während sich die zeitgenössische Galerie in einem neu eingezogenen Stockwerk befindet. Die Stallungen wurden zunächst behutsam gereinigt und restauriert, wobei man die Zeugnisse der früheren Nutzung in Form von Flecken, Kerben und anderen Abnutzungsspuren an den Wänden konservierte. Die Einbauten heben sich klar vom alten Gebäude ab: Das neue Stockwerk ist aus Stahl und Beton konstruiert, Holz und Stahl wurden für die neue Treppe verarbeitet. Für die Servicebereiche (Toiletten, ein Lift und Fluchttreppen) platzierte man einen auffälligen und zugleich schlichten Block in der Gebäudemitte, der die luftige Stallhalle mit doppelter Raumhöhe sauber von dem kleineren, gewölbten Raum im hinteren Bereich trennt.

Das auffälligste Element des neuen Designs ist jedoch die Art, wie die Designer die Exponate des Museums präsentieren. Die archäologischen Artefakte sind in einer langen Prozession durch die Raummitte angeordnet. Zweieinhalb Meter hohe Hartglasscheiben, die in einen in den polierten Betonboden eingelassenen Kanal montiert wurden, sichern die Objekte. Jedes Artefakt wird auf einem schlanken, von Massimo Mazzone designten Bronzeständer präsentiert und von einem winzigen Punktstrahler beleuchtet. Die Objekte scheinen in der Luft zu hängen und zwischen Himmel und Erde zu schweben – ein Symbol der Reise, die sie zurückgelegt haben, da jedes Objekt dem Boden entnommen wurde und den Eindruck erweckt, als bewahre man es noch immer sorgfältig dort auf, als habe man nur die Erde entfernt, um seine Zerbrechlichkeit zu enthüllen. Die Exponate fungieren als Fundstücke, und ihre filigrane Präsentation erinnert den Besucher an ihre Geschichte. Diese Geste ist einem Gebäude, das bereits vom Fluss der Zeit durchdrungen ist, mehr als angemessen.

Der Designer kann mit seiner Arbeit sicherstellen, dass Innenräume auf umweltverträgliche Art genutzt werden. Mithilfe unterschiedlicher Techniken kann der Energieverbrauch der Nutzer reduziert werden – angefangen von angemessener natürlicher Beleuchtung bis hin zur Steuerung und Beeinflussung der Energiegewinnung durch Sonneneinstrahlung.

Raumnutzung: Fallstudie 1

Name:
Schottisches Parlamentsgebäude

Standort:
Edinburgh, Schottland

Datum:
2004

Design:
EMBT (Enric Miralles – Benedetta Tagliabue) und RMJM

Komplexe und weitläufige Gebäude, die zahlreiche Funktionen erfüllen und von vielen Menschen genutzt werden, müssen mit den effizientesten und modernsten Strategien zur Umwelt- und Klimasteuerung ausgestattet sein. Doch auch in diesem Fall kann man Umwelteinflüsse mit sehr einfachen Techniken kontrollieren.

Der Siegerbeitrag des Wettbewerbs für das neue „Schottische Parlamentsgebäude" von EMBT zeichnet sich durch seinen engen Bezug zur Topografie des Standorts und zur Landschaft der Nation aus, die dieser Entwurf repräsentiert.

Das Gebäude steht inmitten der uralten urbanen Szenerie am Fuß der Royal Mile in der Altstadt gegenüber des Royal Palace in Holyrood und neben Arthur's Seat und Salisbury Craggs. Das Gebäude wächst buchstäblich organisch aus dem Kontext empor und etabliert eine Verbindung zu den anderen Bauten an diesem Standort. Es beherbergt einen neuen Plenarsaal, Mediengebäude, vier Türme mit Zimmern für Ausschüsse, Personalbüros und Wohnungen für die neuen Parlamentsabgeordneten. Überraschenderweise ist über die Hälfte des Areals landschaftsarchitektonisch gestaltet: Private und öffentliche Gärten mit Wegen und Teichen vervollständigen die organische Charakteristik des Komplexes.

Die Abgeordnetenkammer ist der prächtigste Raum des Gebäudes und wurde als riesiger Halbkreis gestaltet. Ihr Dach ist eine komplexe Konstruktion aus massiven schottischen Eichenbalken und stahlverstärkten Zugstäben, für das als Inspiration das Polygondach des Parlamentsgebäudes aus dem Jahr 1639 diente. Die komplexe Turnhallenstruktur ermöglicht den Abgeordneten einen ungehinderten Blick auf den Hauptredner.

Der Plenarsaal befindet sich im Herzen des Komplexes und ist direkt an den organischen Zirkulationsraum mit freiem Verkehrsfluss angebunden. Zwölf Fenster in der an umgedrehte Kähne erinnernden Dachformation erhellen hier den eindrucksvollsten Innenraum des Gebäudes mit Oberlicht. Dieser Raum stellt ein Kernelement dar. Er ist weit mehr als eine einfache Lobby, denn mit seinen großzügigen Abmessungen bietet er Platz für eine Vielzahl unterschiedlicher Aktivitäten – von informellen Treffen und TV-Interviews bis hin zu Erfrischungsmöglichkeiten und förmlichen Empfängen. Der Raum wurde mit Bedacht und äußerst umweltfreundlich entworfen. Natürliches Licht überwiegt und reduziert den Bedarf an künstlicher Beleuchtung. Warmes Sonnenlicht kann einfallen und ergänzt die mechanische Heizung. Die Nutzer werden ermuntert, diesen wichtigen Raum so oft wie möglich zu frequentieren und sich nicht in ihre Büros zurückzuziehen, um die moderne Vorstellung von Transparenz und Offenheit zu untermauern.

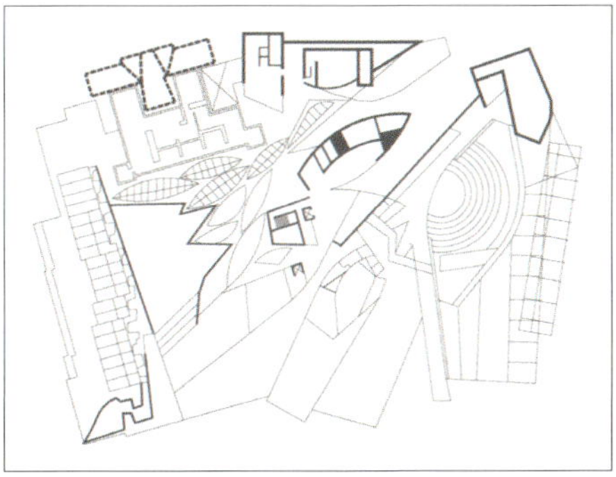

Oben:
Plenarsaal
Die aufwändige, komplexe Dachkonstruktion ermöglicht ungehinderte Sicht durch den eichengetäfelten Plenarsaal.

Linke Seite:
Rückseite der Kammer
Das natürliche Licht dringt sogar bis in die hinteren Bereiche der Kammer.

Mitte:
Kontext
Das Gebäude fügt sich ein in die Reihe der wichtigsten Wahrzeichen der Stadt.

Unten:
Plan
Der neue Komplex verschmilzt mit seinem Kontext und verbindet die am Standort vorhandenen Gebäude.

Raumnutzung: Fallstudie 2

Name:
Balornock Bowling Club

Standort:
Glasgow, Schottland

Datum:
2005

Design:
Studio KAP Architects

In vielen Fällen lässt sich Benutzerfreundlichkeit mit Ästhetik verknüpfen, um sowohl eindrucksvolle als auch energieeffiziente Designs zu kreieren.

Das Studio KAP Architects gestaltete das neue Clubhaus des Balornock Bowling Club und integrierte auf einfühlsame Weise umwelttechnische Aspekte in eine Reihe unkomplizierter funktionaler Räume.

Der lange und schmale Bau schmiegt sich an die Westseite des Bowlingrasens, ohne diesen zu dominieren oder zu überschatten. Er steht erhöht über dem Grün auf der bereits vorhandenen Bodenterrasse, und seine Haupträume gehen auf die Wettkampfbahnen hinaus. Das Gebäude wurde bewusst niedrig und unaufdringlich gehalten. Der schlichte zeitgenössische Stil lässt eine moderne Interpretation des klassischen Bowlingclubpavillons entstehen.

Der Innenraum präsentiert sich gleichermaßen minimalistisch: Die schmucklosen einfarbigen Wände und der Holzboden lenken nicht vom Ausblick durch das riesige Panoramafenster ab. Der Fokus dieses Raumes ist ganz nach außen gerichtet – auf den Bowlingrasen.

Das große Fenster sorgt für reichlich Lichteinfall bis in die Tiefe des Innenraums, vor allem im Winter, wenn man die tief stehende Sonne genießt.

Im Sommer bietet die überstehende Dachtraufe ausreichend Schatten, um eine Überhitzung zu vermeiden. Der Überstand ist groß genug, um die Sonneneinstrahlung abzuschotten und den Zuschauern vor dem Gebäude Schatten zu spenden. Der Ausschnitt in der Fassade am Eingang dient auch als Veranda, sodass die Mitglieder bei schönem Wetter im Freien ein Getränk zu sich nehmen können. Die Öffnungen sind wie die übrigen augenfälligen Elemente im Gebäudeinneren mit Holz ausgekleidet und stechen in der verputzten Fassade als bedeutungsvolle Akzente hervor.

Die ganze Schlichtheit dieses ökonomischen Baues entstand aus seinem Kontext und ist sensibel auf diesen abgestimmt. Gleichzeitig ist das Gebäude ein bescheidenes zeitgenössisches Statement zu umweltbewusstem Design.

„Die Natur selbst steht Modell für nachhaltiges Design. Ihr Design ist effizient und effektiv, es produziert grundsätzlich keinen Müll. Im Gegensatz zur Natur ist der Prozess, nach dem wir designen, Energie erzeugen und nutzen, inhärent linear – bei jedem Schritt verbrauchen wir Energie und produzieren Müll."

Mary Ann Lazarus
Sandra Mendler
William Odell

Oben:
Holzbank
Die Fassadenarchitektur bietet Raum für viele verschiedene Aktivitäten.

Unten:
Frontansicht
Pavillon und Bowlingrasen stehen in engem Bezug zueinander.

Der Designer kann die Qualität eines Innenraums durch bestimmte Elemente kontrollieren. Diese Elemente stehen in einer Beziehung sowohl zum Gebäudeganzen als auch zueinander. Sie können zur Regulierung und Durchdringung des Innenraum- und Gebäudecharakters beitragen. Diese besonderen Objekte, innen oder außen platziert, unterstützen die Kontrolle der akustischen, visuellen, umweltspezifischen und spirituellen Eigenschaften des Ortes sowie die Entwicklung von dreidimensionalen Beziehungen innerhalb und außerhalb des Gebäudes.

Name:
Le Fresnoy, Kunstzentrum
(s.S. 158+159)

Standort:
Tourcoing, Frankreich

Datum:
1998

Design:
Bernard Tschumi Architects

Äußere Kontrolle
Objekte, die sich außerhalb des Innenraums befinden, können Probleme verringern, die durch die klimatischen Bedingungen der Umgebung verursacht werden. Beispiele hierfür sind Mechanismen zur Schattenerzeugung und Umweltbarrieren sowie natürliche Elemente und ihre Beziehung mit dem Innenraum.

Innere Kontrolle
Die bewusste Anordnung und Verwendung von Mechanismen im Inneren, wie z.B. Materialien, Fundstücken, Schattenspendern und Zirkulationsmechanismen, können Kontrollfunktionen ausüben und die Eigenschaften eines Raumes beeinflussen.

Oben:

Qiora Store und Spa,
New York, USA (s.S. 168+169).

Äußere Kontrolle

Elemente, die man außerhalb eines Raumes platziert, können die Qualität des Innenraums in vielerlei Weise praktisch und direkt beeinflussen. Maßnahmen, die Schlechtwetterbedingungen abmildern, den übermäßigen Einfall von Sonnenlicht steuern oder eine effektive Isolierung bieten, tragen dazu bei, einen angenehmen und komfortablen Innenraum zu kreieren.

Äußere Kontrolle: Fallstudie 1

Name:
Maison de Verre

Standort:
Paris, Frankreich

Datum:
1928

Design:
Pierre Chareau
und Bernard Bijvoet

Elemente im Außenbereich des Gebäudes können die maximale Lichtnutzung erleichtern. Vor allem für Gebäude, die in dunklen, engen und überfüllten Umgebungen stehen, ist dies von Vorteil.

Der Wunsch nach Transparenz, Offenheit, Reinheit und Licht im frühen 20. Jahrhundert veranlasste den führenden französischen Gynäkologen Dr. Dalsace, die unteren zwei Stockwerke eines vierstöckigen Pariser Stadthauses in seine Praxis und Wohnräume umzubauen. Der Möbeldesigner und Innenarchitekt Pierre Chareau entwarf das Projekt gemeinsam mit dem holländischen Architekten Bernard Bijvoet. Es verkörpert die optimistische, innovative Ära, in der es geschaffen wurde.

Das Haus steht in einem Hof, in den man von der Hauptstraße über eine schmale Gasse gelangt. Die oberen zwei Stockwerke wurden auf eine massive Stahlträger- und Säulenkonstruktion gesetzt, an die man dann in Freivorbauweise eine Blendmauer aus Glassteinen anschloss, um eine freie Fassade zu kreieren. Durch diese vorgehängte Glassteinwand dringt Licht in das riesige moderne Wohnzimmer mit doppelter Raumhöhe – in jener Zeit ein äußerst radikaler und progressiver Schritt.

Es ist diese Front, die dem Haus seinen Charakter und sogar seinen Namen verleiht. Die Glassteine sind in Platten mit je vier Steinen gelegt und bilden ein 91-cm-Gitter, das das Maß für alle Dimensionen im gesamten Innenraumdesign dieses Projekts vorgibt. Tagsüber fällt natürliches Licht durch die Fassade in das Innere. Nachts stellt sich der Umkehreffekt ein und verführerische, verzerrte Eindrücke des beleuchteten Innenraums werden in die Außenwelt projiziert. Dieses Projekt entpuppte sich als bahnbrechend, da es perfekt das vorherrschende Verlangen nach schlichtem, reinem und klarem Design einfing.

Rechte Seite:
Die Ansicht des Hauses vom Hof aus
Die vorstehende Glassteinwand hängt vor der Fassade des Originalbaus.

Unten:
Parallelperspektive
Die Zeichnung veranschaulicht den Wohnraum mit doppelter Höhe hinter der neuen Wand.

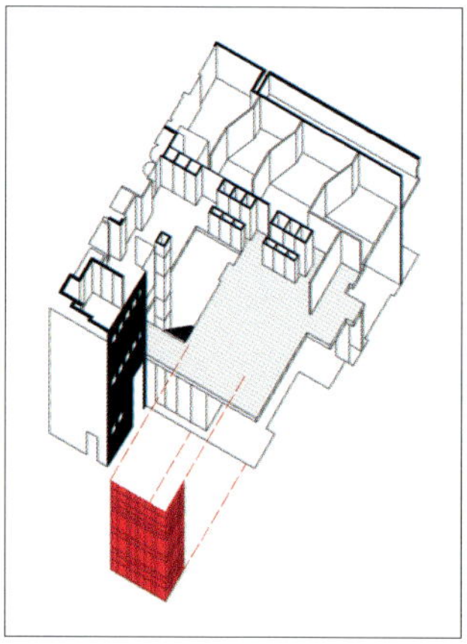

„Chareau strebte nicht nach dem ‚integrierten Ganzen', das generell als Kennzeichen exzellenter Architektur gewertet wird. Stattdessen arbeitete er flexibel, befasste sich mit Problemen erst dann, wenn sie auftraten und fand oft verblüffende Lösungen – wie die Freilegung der Installationen und die Faszination, die das Maison de Verre auf Generationen von Designern ausübt, zeigen."

Richard Weston

„Ein Gebäude modifiziert die natürliche äußere Umgebung, indem es ein moderates Klima schafft und Rückzug sowie Schutz bietet. Der Designer muss verstehen, welche Interaktionen zwischen äußerem Klima, Gebäudebeschaffenheit und menschlichem Körper ablaufen."

Energy Research Group

Äußere Kontrolle: Fallstudie 2

Name:
Wohnhaus am Mercado Santa Caterina

Standort:
Barcelona, Spanien

Datum:
2006

Architekten:
EMBT (Enric Miralles – Benedetta Tagliabue)

Schattenspender werden eingesetzt, um vor Tageshitze und grellem Licht zu schützen und einen Wärmeverlust nachts zu verhindern. Überkragungen, Markisen, Light-Shelfs und Blenden oder Jalousien – sie alle sind Außenelemente, mit denen diese Wirkung erzielt werden kann.

Die Überkragung kann bei südlicher Ausrichtung die Intensität der heißen Sommersonne (in der nördlichen Hemisphäre) lindern, bietet jedoch nur wenig Schutz vor der tief stehenden Wintersonne, sofern dieser benötigt wird. Die Markise schützt den Innenraum vorübergehend, ist meistens aber zu schwach konstruiert, um schlechtem Wetter zu trotzen. Das Light-Shelf funktioniert auf zweierlei Weise: Es wird relativ weit oben in einer Öffnung platziert, sodass Licht von seiner Decke zurückgeworfen und in das Herz des Raumes gespiegelt wird. Das horizontale Shelf wirkt wie eine Barriere, die kein direktes Sonnenlicht in den Raum direkt neben dem Fenster eindringen lässt. Fest montierte horizontale Jalousien können das Licht der hoch stehenden südlichen Sonne abhalten, schützen allerdings kaum vor flacherem östlichen oder westlichen Lichteinfall. Bewegliche Jalousien und Blenden kann man mechanisch an die wandernde Sonne anpassen und ihr Licht vollständig aussperren.

Die leicht verzogene rechtwinkelige Form des Wohnhauses am Mercado Santa Caterina bildet einen starken Gegensatz zum fließenden Vordach des Marktgebäudes. Die kontextbezogenen Deformationen des Wohnhauses wirken in der dicht bebauten urbanen Landschaft bedarfsorientiert und natürlich. Die Wände sind blank und weiß, die Fenster scheinbar zufällig über sie verstreut. Diese Schlichtheit wird durch die Art, wie mit den Öffnungen umgegangen wird, zusätzlich betont. Jedes Fenster verdeckt eine schmucklose, bescheidene Holzjalousie, die auf Rollen montiert ist. Bei Bedarf kann man sie vor die Öffnung schieben, um eine Überhitzung des Raumes durch direktes Sonnenlicht zu vermeiden. Gleichzeitig kann die Luft weiter durch die Ritzen zwischen den einzelnen Lamellen zirkulieren. Diese Lösung ist sowohl einfach als auch passiv.

Oben:
Blenden
Die Jalousien schützen den Innenraum vor schädlichen Witterungseinflüssen.

Unten:
Neu trifft Alt
Die zeitgenössische Sprache des neuen Gebäudes wurde aus den Formen der bereits vorhandenen Apartmentblöcke abgeleitet.

Linke Seite:
Blick auf die Wohnungen unter dem Vordach des Marktes hervor
Die rechtwinkligen Blöcke sind als Gegensatz neben dem gewellten Dach des Marktgebäudes positioniert.

Links:
Auferstehungskapelle
Das Portal präsentiert sich in seinen Abmessungen ausladend und eindrucksvoll.

Unten:
Seitenansicht
Ein schmaler Zwischenraum trennt das Portal vom Gebäude.

Rechts:
Markuskirche, Björkhagen
Das modernistisch gebogene Vordach schützt den Bereich vor der Kirche und steht leicht abgelöst vor dem Gebäude.

Äußere Kontrolle: Fallstudie 3

Name:
Auferstehungskapelle und Markuskirche

Standort:
Stockholm und Björkhagen, Schweden

Datum:
1925 und 1956

Design:
Sigurd Lewerentz

Ein Außenportal kann für einen Innenraum zahlreiche Vorteile mit sich bringen – sowohl im Hinblick auf die Form als auch auf die Umgebung. Der überdachte Eingang, das Portal oder der Portikus markieren für gewöhnlich den Eingang. Bei einem modernen Gebäude weiß man jedoch oft nicht sofort, wo es hineingeht! Aufgrund des Strebens nach Minimalismus und einfacher Formensprache entpuppt sich die Position des Eingangs dann manchmal als doppeldeutig.

Der Portikus kann die bestehende Hierarchie veranschaulichen und die natürliche Ordnung des Gebäudes enthüllen. Psychologisch betrachtet bietet das Portal einen Moment der nachdenklichen Reflektion, wenn der Besucher von der Außenwelt in das Innere eintritt – es gewährt die entscheidende Sekunde der Anpassung an ein Leben in langsamerem, ruhigerem und sanfterem Tempo. Beim Verlassen des Gebäudes verläuft dieser Prozess umgekehrt. Der überdachte Eingang schützt darüber hinaus bis zu einem gewissen Grad vor Umwelteinflüssen. Er schirmt den Besucher vor Regen oder Sonne ab und fängt den Wind teilweise ab. Außerdem wirkt er unterstützend bei der Kontrolle der äußeren Bedingungen, indem er als Schutz für eine potenziell verwundbare Öffnung in der Fassade fungiert.

Die Abbildungen zeigen zwei Beispiele aus dem Werk von Sigurd Lewerentz, einem schwedischen Architekten, dessen Arbeiten das ganze 20. Jahrhundert umspannen. In der ersten Abbildung ist die Auferstehungskapelle in Stockholm zu sehen. Der Portikus ist geringfügig abgelöst vom Hauptgebäude und besteht aus acht Säulen mit einem Giebeldach. Die Sprache passt hervorragend zu dem schlichten, klassizistischen Stil, der zu jener Zeit in Skandinavien vorherrschte.

Lewerentz entwarf die Markuskirche im schwedischen Björkhagen wesentlich später im modernistischen Stil. Der Portikus ist ebenfalls überdacht, setzt sich jedoch aus unterbrochenen Platten in Wellenform zusammen, die auf massiven Doppelsäulen ruhen. Er steht ganz offensichtlich in Einklang mit dem brutalistischen, spartanischen Charakter des Ziegelbaus. Obwohl zwischen der Gestaltung der beiden Portiken mehr als dreißig Jahre liegen, veranschaulichen diese Beispiele ähnliche Schutzstrategien.

„Ich träume von einem Gebäude mit Büchern, Büchern und noch mehr Büchern und wundervollen runden Lesesälen. Ein Gebäude, in dem man Bücher sehen, fühlen und riechen kann … Diese Aura und die neue Bibliothek müssen das Herz bilden, sie müssen in einer skulpturalen Parklandschaft ihren Platz finden.“

Francine Houben

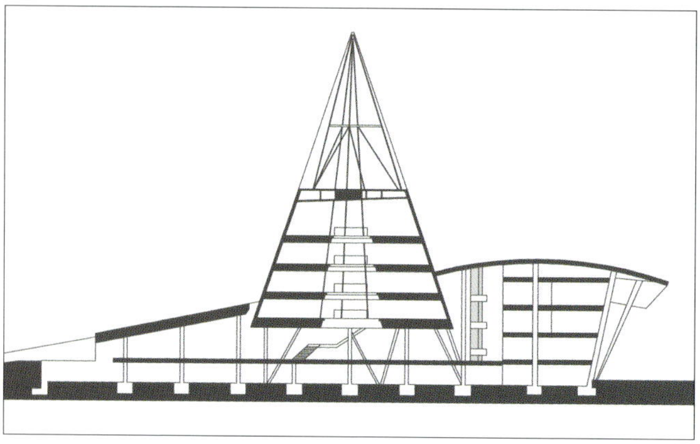

Oben:
Innenraum der Bibliothek
Der Kegel dominiert die weitläufige Halle. Beachten Sie auch das Regal mit Nachschlagewerken auf der rechten Seite.

Links:
Schnitt
Der Kegel durchbricht die fließende Landschaft auf dem Dach der Bibliothek.

Äußere Kontrolle: Fallstudie 4

Name:
Zentralbibliothek der TU Delft

Standort:
Delft, Niederlande

Datum:
1997

Architekten:
Architektengruppe Mecanoo

Verschiedene externe Elemente können durch ihr Zusammenspiel kontrollierend auf die Umgebung im Inneren eines Gebäudes einwirken.

Die Bibliothek der Technischen Universität Delft ist ein bescheidenes, schlichtes Gebäude inmitten eines Komplexes, in dem brutalistische Strukturen dominieren. Die wahre Größe des Gebäudes ist jedoch verborgen: Es besteht aus einem riesigen unterirdischen Raum, der versteckt unter einer fließenden Landschaft liegt. Eine geneigte Grasfläche bildet das Dach und einen neuen Park für die Studenten.

Das ausgedehnte Foyer darunter wurde als Treffpunkt für den gesamten Campus konzipiert. Es wird von geneigten Glaswänden eingerahmt und von schlanken, weiß lackierten Stahlsäulen getragen. In der offenen Halle erhebt sich ein riesiger Kegel, durchbricht das Grün und ragt 40 m über dem Boden in die Höhe. Er stellt den Silentiumraum dar und beherbergt vier über eine offene Wendeltreppe verbundene Leseebenen. Gespreizte Stahlstreben stützen den mit natürlichem Oberlicht erhellten Raum, der den Bibliotheksbenutzern einen ruhigen Arbeitsplatz abseits der weitläufigen Halle bietet.

Der Kegel beherrscht den Innenraum, der jedoch ein weiteres herausragendes Element enthält: ein vierstöckiges, stahlgerahmtes Bücherregal, in dem über 80 000 allgemeine Nachschlagewerke stehen. Es wurde am höchsten Punkt des Raumes platziert und dient als Schranke zwischen Empfangshalle und Servicebereich. Die dicke Rasenfläche auf dem Dach isoliert ausgezeichnet und sorgt für Kühle im Sommer bzw. Wärme im Winter. Regenwasser wird vom Dach abgeleitet und in das Heiz- bzw. Kühlsystem des Gebäudes eingespeist. Die dreifach verglaste Fassade ergänzt die Umweltstrategie, und der 14 cm breite Hohlraum zwischen den Scheiben ermöglicht die Luftzirkulation in der Glasfassade. Dieser einfühlsame und kontextuelle Ansatz hat einen äußerst eindrucksvollen und ausgeklügelten Innenraum hervorgebracht.

Oben:
Unter dem Kegel
Der ruhige Bereich unterhalb des Kegels bietet Raum für private Studien.

Äußere Kontrolle: Fallstudie 5

Name:
Le Fresnoy, Kunstzentrum

Standort:
Tourcoing, Frankreich

Datum:
1998

Architekten:
Bernard Tschumi Architects

Elemente für die äußere Kontrolle müssen keine kleinen, bescheidenen Strukturen sein – sie können ihre Intention auch in einer wuchtigen, großzügigen Sprache formulieren.

Der französische Architekt Bernard Tschumi löste mit einem einzigen riesigen Element eine ganze Reihe kontextueller und umweltspezifischer Probleme, die bei dem Projekt Le Fresnoy im nordfranzösischen Lille auftraten. Dabei kreierte er Gebäude und Räume, die sowohl die Kreativität als auch die Interaktion fördern.

Ursprünglich bestand der Komplex aus einigen unverbundenen Gebäuden, die als eine Art Freizeitdorf konzipiert waren und nun bröckelten und verfielen. Eines der Gebäude (das Auditorium) trug sogar den Namen „Spaßpalast“. Diese Gebäudeansammlung entsprach in vielen Punkten den Anforderungen der neuen Kunstschule, und die Direktoren nahmen zunächst an, dass man die Schule mit geringem Arbeitsaufwand dort unterbringen könne. Es stellte sich jedoch heraus, dass die Gebäude stärker verfallen waren als vermutet. Tschumi entwarf schließlich eine Lösung, die die Atmosphäre des Feriendorfs bewahrte und mit der Kreativität eines Kunstzentrums verwob.

Tschumi sanierte und reparierte die bestehenden Gebäude und spannte dann ein gigantisches Dach über sie. Dieses Dach schützte nicht nur den Standort, sondern vereinte auch den ganzen Campus. Die neue Struktur über den Dächern der alten Bauten bietet Platz für Serviceeinrichtungen, Klimaanlagen, Elektroinstallationen und Wartungszugänge sowie neue Laufstege und öffentliche Fußwege. Sie eröffnet Ausblicke über die bestehenden Dächer hinweg und Einblicke in die verschiedenen Zimmer und Räume. Es entstand eine Art Dorfatmosphäre innerhalb der Schule mit reichlich funktionaler Fläche für die vorgesehenen Aktivitäten sowie einer Ansammlung außergewöhnlicher Zwischenräume, die weder drinnen noch draußen liegen. Sie befinden sich nicht wirklich innerhalb eines Gebäudes, sondern sind unter dem Schutz bzw. der Einfriedung des Daches untergebracht. Diese Zusatz- oder Zufallsräume wurden als Orte der Interaktion und Entspannung für die Studenten konzipiert.

Ein einziges, imposantes neues Element, das gleich mehrere umweltspezifische Probleme löst, vereint hier eine Reihe gegensätzlicher Komponenten und kreiert so außergewöhnliche Räume mit einer überraschenden Atmosphäre.

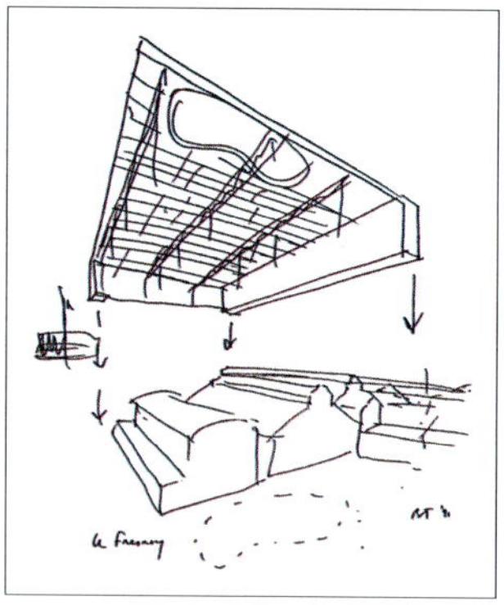

Oben:
Schnittstelle zwischen Dach und altem Gebäude
An diesem Dreh- und Angelpunkt zwischen den zwei Bauten wurde ein vertikaler Zirkulationsweg platziert.

Unten:
Skizze des Designers
Diese Zeichnung zeigt das Konzept eines schützenden Daches über der Gemeinschaft bestehender Gebäude.

„Die Architektur des Vergnügens liegt dort, wo Konzept und Raumerfahrung unvermittelt aufeinandertreffen, wo architektonische Fragmente kollidieren und in Freude verschmelzen, wo die Kultur der Architektur unablässig dekonstruiert wird und alle Regeln durchbrochen werden."

Bernard Tschumi

Oben:
Unter dem Dach
Blick aus einem Zwischenraum auf die Dächer der alten Gebäude.

Man kann einige Raumeigenschaften, die ganz offensichtlich eine atmosphärische Wirkung haben, manipulieren. Der Charakter des Raumes, die Intensität des Lichtes, ob natürlich oder künstlich, die Luftqualität und die Reinheit der Akustik – sie alle stellen Faktoren dar, die zur Verbesserung der Raumqualität beitragen können.

Rechte Seite:
Blick von der Gasse aus
Das über der Decke montierte Belüftungssystem verstärkt den Eindruck von Bewegung, der die Bar durchzieht.

Innere Kontrolle: Fallstudie 1

Name:
Bar Ten (siehe auch S. 038+039)

Standort:
Glasgow, Schottland

Datum:
1991

Design:
Ben Kelly Design

Die Steuerung der Luftzirkulation in einem Raum, entweder natürlich oder mechanisch, spielt eine wichtige Rolle beim Design und Ausbau eines Innenraums.

Nachtclubs, Bars und Pubs sind ausnahmslos auf einen mechanischen Luftaustausch angewiesen. In ihnen ist es immer heiß und überfüllt, und bis Anfang des 21. Jahrhunderts war die Luft in diesen Räumen auch noch stark verschmutzt. Klimaanlagen, HLK-Kanäle und Ventilatoren werden in der Regel versteckt, indem man sie hinter einer Zwischen- oder Hängedecke installiert. Aber der Designer kann diese Installationen auch bewusst offenlegen und dekorativ in Szene setzen. Die Kanäle und Gitter des Systems können Teil der Raumästhetik sein und somit nicht nur der Belüftungskontrolle dienen, sondern auch die Ausrichtung und Dynamik des Innenraums verstärken.

Ben Kelly betonte in dem kleinen, engen Innenraum der Bar Ten in Glasgow die Raumform, indem er freigelegte HLK-Kanäle über der langen Granitplatte des Tresens platzierte. Alle Möbel und Installationen in diesem Raum unterstreichen und intensivieren durch ihr Zusammenspiel die lange, sich verjüngende Form des Raumes. Theke, Fußstützen, Getränkeregale, Sitzplätze, Klimaanlage und sogar das Bodenmuster setzen den spitz zulaufenden Weg fort, der gut 50 m entfernt in der Hauptstraße beginnt und entlang der engen Gasse durch die Bar bis tief in den Innenraum hinein verläuft. Der verzinkte Stahlkasten des Belüftungssystems ist nur eines von mehreren Elementen, die zur Steuerung der Atmosphäre und Beschaffenheit dieses Raumes beitragen.

Ben Kelly Design
Ben Kelly gründete das Studio Ben Kelly Design Mitte der 1970er Jahre. Das Büro genießt den Ruf, innovative, anspruchsvolle, postindustrielle Innenräume zu kreieren wie den legendären Nachtclub Haçienda in Manchester, die Büros des Design Council in London und in jüngster Zeit einige „GYMBOX"-Fitnessclubs. Ben Kelly Design vertritt die Philosophie, die besten Merkmale eines Ortes zu bewahren und gleichzeitig eine eklektische Palette an Materialien, Texturen und Finishes zu verarbeiten.

Oben:
Innenraum des Auditoriums
In der Textur der Sitzbezüge aus grauem Stoff spiegeln sich Elemente der walisischen Landschaft wider.

Links:
Sitzplatz
Der Stoff ist klangabsorbierend und wirkt wie ein Schalldämpfer.

„Wir können Klang als Baumaterial für räumliches Design ebenso nutzen wie Licht, Schatten oder Beton."

Bernhard Leitner

Innere Kontrolle: Fallstudie 2

Name:
Welsh Millennium Centre

Standort:
Cardiff, Wales

Datum:
2004

Architekten:
Capity Percy Thomas mit Arup Acoustics und Bute Fabrics

Die Akustik eines Zuschauerraums spielt beim Entwurf eines Theaters oder Veranstaltungssaals eine zentrale Rolle. Unabhängig von der Raumgröße müssen Form und Materialität des Saales analysiert und berücksichtigt werden, um die beste akustische Dynamik zu erzielen. Die Grundparameter hierbei sind die Nachhallzeit des Tones, das Echo und die Absorptionsfähigkeit. Damit der bestmögliche Klang erreicht wird, kann man spezialisierte Akustikingenieure hinzuziehen. Sie leisten wertvolle Hilfe beim Entwurf der optimalen Form und der Auswahl des geeignetsten Materials.

Das Welsh Millennium Centre steht neben einem Trockendock in einem Erschließungsgebiet unweit der Cardiff Bay. Eine gewaltige Stahlkuppel, die zum Schutz vor der aggressiven Seeluft elektrolytisch gefärbt wurde, dominiert den Bau. Die Kuppel beherbergt den Hauptveranstaltungssaal, in dem Opern, Ballett- und Tanzaufführungen gezeigt werden. Außerdem sind kleinere Theater- und Konzerträume sowie Studios, Geschäfte, Restaurants und Büros der walisischen Kunstorganisationen in dem Gebäude untergebracht.

Das Kulturzentrum ist eine Hommage an alles Walisische, und Wales ist selbstverständlich sowohl Inspiration als auch Quelle für fast alle Materialien. Das herausragendste Beispiel dafür stellt das Äußere des Gebäudes dar, das mit horizontalen Schieferplatten aus der Region verkleidet wurde. Die Sitzplätze im Auditorium wurden gemeinsam von Architekten, Ingenieuren und Bute Fabrics entwickelt. Für die Sitze kreierte man maßgefertigte Stoffe, die nicht nur die ureigene walisische Identität des Gebäudes widerspiegeln, sondern auch als Schalldämpfer innerhalb des Saales wirken. Das Farbdesign der Stoffe imitiert atmosphärisch das Bild eines walisischen Strandes. Die Sitzbespannung wurde in horizontalen Linien angeordnet, um das Scheinbild bzw. den Eindruck von Schieferplatten hervorzurufen, wie sie sich auch an der Außenseite des Gebäudes wiederfinden.

Innere Kontrolle

Oben:
Galerie
Die Bohen Foundation in einem Übergangsstadium.

Rechts:
Privatraum
Die ausgeschnittenen Öffnungen enthüllen die Zerbrechlichkeit des Containers.

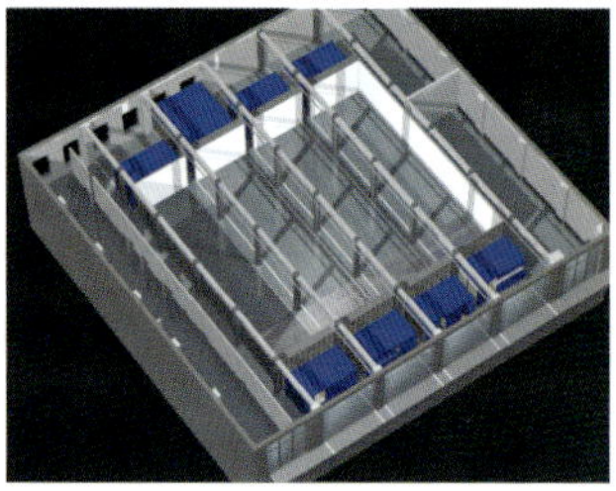

Oben:
Konzeptionelle Grafik
Die Container gleiten durch die strukturelle Logik des Gebäudes.

Links:
Bibliothek
Die Kisten wurden zugeschnitten und gefaltet, um unterschiedliche Raumtypen zu kreieren.

Innere Kontrolle: Fallstudie 3

Name:
Bohen Foundation

Standort:
New York, USA

Datum:
2002

Design:
LOT-EK

Der Designer kann auf einen bestimmten Kontext eingehen, indem er die gleiche Umgangssprache benutzt, ihr aber eine zeitgenössische oder radikale Ausdrucksform gibt. Bei diesem Projekt bildeten die Designer den Dialekt des umliegenden Viertels nach, verfälschten jedoch die Sprache, verbesserten und beschönigten sie.

Die rohe Atmosphäre des Meatpacking District in Downtown Manhattan liefert den Kontext für die Bohen Foundation. Diese Einrichtung stellt Ausstellungsräume für zeitgenössische Kunst bereit, die klassische Galerien mit weißen Wänden bewusst ablehnt. Die Stiftung residiert in einem großen Lagerhaus, das ursprünglich eine Druckfabrik beherbergte. Die Flächen im Erdgeschoss und Untergeschoss sind einfach, roh und unbehandelt, und an geeigneter Stelle wurde ein Drahtgitterboden installiert, um einen offenen Raum mit doppelter Höhe zu erhalten, der maximale Flexibilität für ungewöhnlichere Kunstwerke bietet.

Eine gitterartige Struktur aus Säulen und Trägern beherrscht die Fabrikhalle. Dieses Gitter bildet ein strukturelles System, dessen Einfluss sich in der Neugestaltung des Innenraums widerspiegelt. In das Gitter wurden zwölf Frachtcontainer eingefügt – ihre Maße entsprechen genau den Abmessungen der individuellen Felder. Diese lebendigen industriellen Objekte enthalten die klassischen Galerieeinrichtungen wie Büros, einen Bücherladen und einen Video- und Leseraum. Zudem enthält jeder Container fünf faltbare Wandelemente. Die Kisten sind nicht fixiert, sitzen vielmehr auf Rollen, die in Schienen im Boden laufen. Ihre Bewegung ist auf die Länge dieser Schienen begrenzt, aber sie können parallel zueinander durch den Raum gleiten.

Die Wandelemente hingegen sind viel flexibler. Mit etwas Geschick kann man sie mühelos durch den Raum schwingen lassen. Auf diese Weise entsteht – je nach Position der zwei verschiedenen Elemente – eine ganze Reihe unterschiedlicher kreativer Raumtypen. Die Charakteristik der Kisten und Wände entspricht in jeder Hinsicht der Sprache dieses industriellen lagerartigen Galerieraums. Menschen, die Radikales und Modisches suchen, finden hier einen zeitgenössischen Ort ohne Kompromisse.

LOT-EK

Ada Tolla und Guiseppe Lignano gründeten 1993 das Studio LOT-EK. Die Designer zogen 1989 von Italien nach New York, um dort ihre Ausbildung abzuschließen. Das raue industrielle Gesicht dieser Stadt überwältigte sie und hinterließ einen bleibenden Eindruck, der seitdem ihre Arbeit maßgeblich beeinflusst. Sie verarbeiten Fundstücke wie Schiffscontainer, Benzintanks, Edelstahlspülen und industrielles Treibgut, sogar einen Flugzeugrumpf, und kreieren daraus Gebäude, Innenräume und Objekte. Tolla über ihre Arbeit: „Es ist die Philosophie der Ready-made Bricolage, des Improvisierens und der Intuition, der wir folgen."[1]

1 Hudson, J., 2007. *Interior Architecture Now*. London: Laurence King Publishing

Links:
Galeriefoyer
Die helle weiße Box an der Spitze des Galerieaufgangs.

Innere Kontrolle: Fallstudie 4

Name:
Sackler Galleries,
Royal Academy of Arts

Standort:
London, England

Datum:
1991

Design:
Foster + Partners

Natürliches Licht kann die Atmosphäre eines Raumes sehr vorteilhaft beeinflussen. Es kann Bewegung fördern, bestimmte Orte illuminieren und Formen definieren.

Foster + Partners setzten die rudimentärsten Eigenschaften gefilterten natürlichen Lichtes ein, um die Zirkulation in einem engen vertikalen Raum anzuregen.

Die Royal Academy of Arts ist ein komplizierter Komplex aus Gebäuden und Strukturen, der seit dem Bau des ursprünglichen Landhauses 1665 über 14 Mal ergänzt bzw. erweitert wurde. Der Raum zwischen dem Originalgebäude von Sir John Denham, Burlington House, dessen Front auf den Piccadilly hinausgeht, und dem Gartenhaus, das 1867 von Sidney Smirke fertiggestellt wurde, beträgt ca. 4,5 m. Für Foster war diese Lücke gerade groß genug, um ein autonomes Zirkulationssystem einzufügen, über das man in die neuen Sackler Galleries im obersten Stock des Komplexes gelangt.

Die Stahl- und Glastreppe und der Lift führen den Besucher aus den dunklen Tiefen weit im Inneren der Royal Academy hinauf in das helle weiße Licht des Sackler-Foyers.

Das Foyer ist ein reiner, rechtwinkliger weißer Glasraum, der auf das Obergesims des Burlington House gesetzt wurde. In die Box aus Verbundglas wurde der Kunststoff PVB zwischen die Glasscheiben eingearbeitet, um die besonders triste Aussicht zu verschleiern, das natürliche Licht zu filtern und die Sonneneinstrahlung zu steuern. Das natürliche Licht dringt durch das Glas, fällt in den Schlauch des Zirkulationsraums, an den Rändern des Bodens vorbei nach unten und durch die transluzenten Glastrittflächen der Treppe. Die Box ruht auf Teilen des Gebäudekomplexes und verbindet die zwei Bauten miteinander, indem sie die Lücke schließt und den einst zugigen Durchgang in einen wettergeschützten Innenraum verwandelt. Diese Eingangssequenz formuliert eine zeitgenössische Aussage innerhalb eines klassischen Raumes.

„Im Jahr 1991 fügten [wir] den Sackler Galleries in der Royal Academy of Arts in London einen Anbau hinzu. Verbundglas spielte im Design des verglasten Empfangsbereichs eine wichtige Rolle. Ausschlaggebend war, ein günstiges, sicheres Material für die Gestaltung der Einfriedung zu finden, durch das Tageslicht in den Raum zwischen den zwei Originalbauten fallen konnte.

Normales Floatglas enthält Eisen, das dem Glas seine grüne Farbe gibt. Aber dies hätte auch die Farbe des Tageslichts in der Galerie beeinflusst. Da optisch weißes Glas zu kostspielig war, lösten wir das Problem schließlich, indem wir eine solide Glasart mit einem geringeren Eisenanteil wählten. Wir verwendeten Verbundglas, weil es einerseits die Sicherheitsaspekte erfüllte und es andererseits durch die PVB-Schicht möglich machte, die Sonneneinstrahlung zu steuern und das Tageslicht zu streuen."

Rob Partington

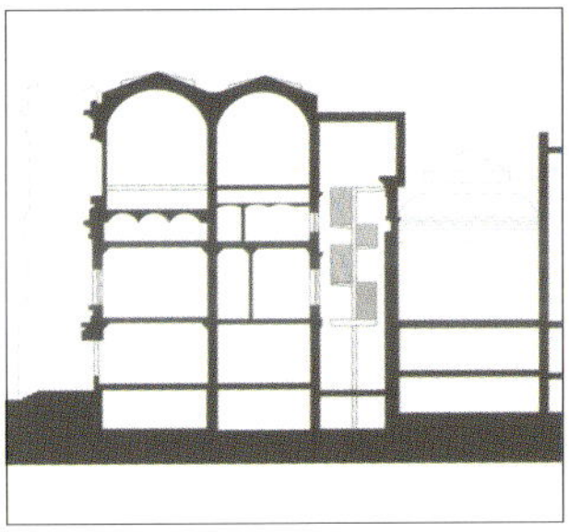

Rechts:
Schnitt
Der Empfangsbereich ruht auf Teilen des alten Gebäudekomplexes.

Links:
Vertikale Zirkulation
Die Besucher werden aus der dunklen Tiefe des Gebäudes in hellere Bereiche geführt.

„Vorhänge … verkörpern viele der Spannungen und Vorurteile, die Interior Designer und Architekten seit dem Aufstieg der professionellen Dekorateure im späten 19. Jahrhundert in verschiedene Lager spalten. Hier treffen die harten Wände, die der Architekt designt, auf den weichen Stoff, der das Markenzeichen des Dekorateurs ist.“

Joel Sanders

Oben:
Konzeptionelle Skizze des Designers
Diese Zeichnung beschäftigt sich mit der Transparenz der durchscheinenden Vorhänge.

Rechts:
Blick durch das Ladenfenster
Der Raum bietet eine ruhige Zuflucht inmitten des Chaos, das in Manhattan herrscht.

Links:
Auslage des Geschäfts
Halb verhüllt von einem durchsichtigen Vorhang, werden die Produkte präsentiert.

Rechts:
Innenraum des Geschäfts
Die Vorhänge filtern das Licht.

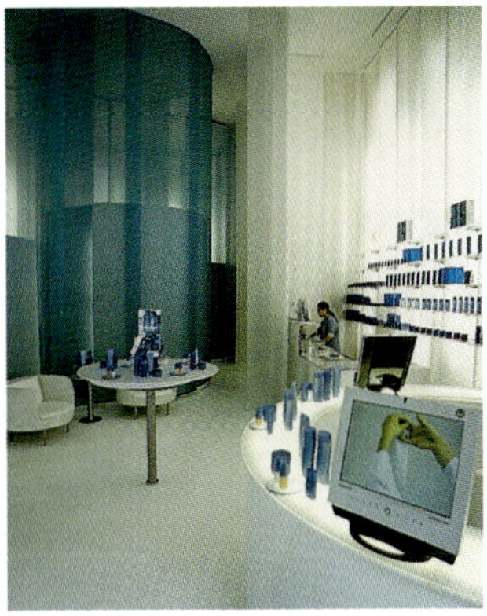

Innere Kontrolle: Fallstudie 5

Name:
Qiora Store and Spa

Standort:
New York, USA

Datum:
2001

Design:
Architecture Research Office (ARO)

Obwohl vergänglich und flüchtig im Innenraum, kann Stoff die Bewegung kontrollieren und auf subtile und sensible Weise Grenzen im Raum ziehen.

Qiora – „Licht aus dem Inneren" – ist der Name einer ganzheitlichen Hautpflegelinie, die die japanische Kosmetikmarke Shiseido Cosmetics 2001 auf dem Markt einführte. Das Studio ARO wurde beauftragt, den Flagshipstore in New York als Kombination aus gehobenem Geschäft und Spa zu designen. Das Geschäft, das an der belebten, exklusiven Madison Avenue in Manhattan eröffnet wurde, sollte die wohltuenden Eigenschaften der Kosmetika widerspiegeln. Inmitten des Durcheinanders des geschäftigen, zentralen Standorts sollte es innere Ruhe und Gelassenheit verströmen.

Die Designer arbeiteten mit Licht und Textur, um die entspannende Atmosphäre zu kreieren, die sie für die Vermittlung der Marke benötigten. Von außen ist durch die großflächige Glasfassade ein luftiges Interieur mit doppelter Höhe zu sehen. Der Verkaufsraum befindet sich im vorderen Teil, während der Spabereich diskret in der hinteren Hälfte platziert wurde. Die Wellnesseinrichtungen bestehen aus mehreren Kabinen bzw. frei stehenden Zylindern tief im Rauminneren, in denen die Kunden nach dem Entkleiden behandelt werden. Die Verwendung von Vorhängen in einem Innenraum ist in der Regel Wohnräumen vorbehalten. Aber in diesem Geschäft setzen die Designer von ARO lange Organzaschleier ein, um die Grenzen zwischen Spa- und Verkaufsbereich zu verwischen. Diese Schals reichen von der Decke bis zum Boden, und je tiefer man in den Raum vordringt, desto dichter werden die Stoffe, um die Privatsphäre zu schützen.

Die an den Umfassungswänden montierte künstliche Beleuchtung schafft einen hellen, atmosphärischen Raum, dessen Intensität je nach Tageszeit und äußeren Wetterverhältnissen des Geschäfts zwischen warm und kühl schwankt. Tagsüber erhellt weißes Licht den Raum, während abends blaue Töne vorherrschen, um die Farbe und Textur des Ortes und der Schleier zu betonen. Nachts wirkt der Flagstore, von außen betrachtet, wie eine leuchtende Laterne.

Die Designer haben hier mit zwei einfachen Materialien – künstlichem Licht und Stoff – einen Innenraum kreiert, der ein hohes Maß an Kontrolle, Atmosphäre und Charakter verströmt.

In diesem Buch werden viele Wege der Organisation und Komposition von Innenräumen vorgestellt und zahlreiche Fachbegriffe eingeführt. Im nachstehenden Glossar werden diese zusammengefasst, um ein bequemes Nachschlagen zu ermöglichen. Das Glossar erhebt keinen Anspruch auf Vollständigkeit, beinhaltet aber alle wichtigen Begriffe, die die moderne Terminologie der Innenarchitektur und Architektur prägen.

Abfolge Dieser Begriff beschreibt die Anordnung der Innenräume, die der Designer dem Besucher auf seiner Erfahrungsreise durch den Raum präsentieren will.

Achse Gedachte Gerade, die in der Regel durch die Mitte eines Raumes oder Gebäudes gezogen und bei der Planung benutzt wird. Sie steht in engem Bezug zur Symmetrie. Mit axialer Planung kann man einen Innenraum in geraden Linien organisieren, Prioritäten auf bestimmte Qualitäten wie den Blick durch den Raum setzen oder Hierarchien betonen.

Adaption Prozess, bei dem ein bestehendes Gebäude durch Umbau neuen Verwendungszwecken zugeführt wird. Man bezeichnet dies auch als Umgestaltung, adaptive Wiederverwendung und Innenarchitektur.

Akustik Die Wissenschaft von Ton und Schallwellen. Die besonderen akustischen Eigenschaften eines Innenraums können durch die Verwendung von schallschluckenden Materialien und unregelmäßigen Oberflächen manipuliert werden. Sowohl Materialien als auch Oberflächen beeinflussen die Nachhalldauer und reduzieren Verzerrung und Echo.

Analyse Untersuchung und Studium eines bestehenden Gebäudes. Dabei werden mithilfe verschiedener Methoden die wichtigsten Eigenschaften des Gebäudes ermittelt. Diese können den Raumgestaltungsprozess initiieren oder vorantreiben.

Ansicht Zeichnung, die im Allgemeinen eine Außenwand oder Fassade eines Gebäudes zeigt. Es handelt sich dabei um eine zweidimensionale Darstellung einer Wand, die die Positionierung von Fenstern, Türen und anderen Details des Gebäudeäußeren veranschaulicht.

Applizierte Textur Materialien wie Metall, Stoff, Kunststoff oder Holz, die auf eine vorhandene Oberfläche aufgebracht werden, um eine neue visuelle und atmosphärische Identität eines Innenraums zu formen.

Arkade Überbauter Durchgang oder Fußweg mit einem Bogen- oder Gewölbedach, das auf Säulen oder Pfeilern ruht. Einkaufsarkaden haben meist einen Mittelgang mit Läden auf jeder Seite.

Atrium Ursprünglich ein offener römischer Hof. Heute bezeichnet dieser Begriff einen Innenraum mit einem Glasdach, durch das Sonnenlicht und Wärme in den Raum strömen.

Bauvorschriften Das Design und der Bau von Gebäuden und Innenräumen unterliegen bestimmten Vorgaben, die Aspekte wie Planung, Zugang, Gesundheit und Sicherheit in einem Gebäude regeln. Diese Bestimmungen erstrecken sich auch auf Genehmigungsverfahren und Baufreigaben zur Errichtung von Gebäuden.

Binder Tragwerkkonstruktion, die aus mehreren verbundenen Elementen besteht und der Überbrückung großer Spannweiten, z.B. bei Dachstühlen, dient. Er wird in der Architektur auch manchmal als Läufer bezeichnet.

Bioklimatisches Design Design, bei dem Umweltaspekte mit eingebunden werden.

Blick Im Allgemeinen die Ansicht oder das Bild einer Szene, typischerweise ein erfreulicher Ausblick durch eine Öffnung oder von einem Gebäude aus.

Denkmalgeschütztes Gebäude Wenn ein Gebäude, ein Innenraum, eine Brücke oder sogar ein Monument als historisch oder kulturell bedeutend eingestuft wird und vor dem Abriss oder unpassenden Veränderungen geschützt werden muss, wird dieser Bau in die Liste schützenswerter Architektur aufgenommen. Diese Aufnahme erfolgt in der Regel mit einer Einstufung von eins bis drei in der Bedeutungsrangliste. Sowohl das Äußere als auch das Innere eines Gebäudes können geschützt werden.

Detaillierung Die Ausarbeitung der Raumgestaltung und die Anwendung von Materialien und Oberflächen auf ein Gestaltungskonzept. Sie beinhaltet z.B. Tischlerarbeiten, die Materialendbearbeitung und manchmal auch die Entwicklung von Modellen und Mustern.

Element In einem Innenraum wird ein spezielles Objekt wie ein Möbelstück oder ein Zimmer als Element bezeichnet.

Ephemer Kurzlebig oder vergänglich. Aufgrund ihrer zeitlich begrenzten Nutzungsdauer werden Innenräume häufig als ephemer beschrieben.

Ergonomik Studium der räumlichen Beziehungen und Proportionen im Verhältnis zum menschlichen Körper. Im Buch *New Metric Handbook* werden diese Beziehungen katalogisiert und „Normen" für eine ergonomische Herangehensweise aufgestellt.

ETFE-Folie Ethylen-Tetrafluorethylen-Folie ist ein starker, transparenter und leichter Kunststoff. Ein Stück ETFE wiegt weniger als 1 % eines Glasstücks mit dem gleichen Volumen. Außerdem ist sie weitaus resistenter gegen Sonneneinstrahlung als Glas.

Fassade Äußere Frontfläche eines Gebäudes.

Feuchtigkeitssperrschicht Diese Schicht verhindert das Aufsteigen von Feuchtigkeit durch die Wände eines Gebäudes. Dabei handelt es sich in der Regel um eine Kunststoffschicht, die während der Bauphase in den unteren Bereich der Wände integriert wird. Sie kann aber auch später installiert werden, indem man Löcher in die Wände bohrt und dann Silikon hineinpumpt.

Fläche Fassade, Wand, Decke und Boden. Sie stellen die Grund-„Flächen" des Innenraums dar.

Fundstück Ein Objekt, das aus seiner natürlichen Situation herausgelöst und in einen ungewöhnlichen Kontext gestellt wird.

Funktion Die Nutzung eines Raumes – neu oder alt – wird in vielen Fällen als Funktion bezeichnet. Häufig steht der Begriff Funktion auch für das „Programm" des Innenraums, bzw. er umfasst den Projektplan für das neue Design.

Genius Loci Der besondere, individuelle „Geist" eines Ortes oder Gebäudes.

Gesamtkunstwerk „Alles umfassende künstlerische Arbeit" bzw. die Auffassung, dass der Designer nicht nur für den Raum, sondern auch für alle Details verantwortlich ist bis hin zum kleinsten Element wie einem Türgriff. Es wird von einigen Extremfällen berichtet, in denen der Designer so weit ging, sogar die Kleidung zu kreieren, die man in seinem Raum zu tragen hatte.

Giebeldreieck Ein klassisches Element in Form einer gespreizten Gabel, das in der Regel über einem Portikus angebracht wird, aber auch über Fenstern und Türen zu finden ist.

Grauwasser Abwasser, das z.B. beim Waschen, Baden und Duschen entsteht. Grauwasser wird meistens wiederaufbereitet und wiederverwertet, vor allem zur Gartenbewässerung.

Hierarchie Bei der Organisation und Planung von Räumen wird der Begriff Hierarchie benutzt, um primäre und sekundäre Elemente in einem Design festzulegen. Er dient ferner der Klassifizierung von Haupt- und Nebenfunktionen innerhalb eines Raumes.

HLK Akronym für Heizung, Lüftung und Klimatechnik.

Hof Offener, den Elementen ausgesetzter Raum zwischen Bauwerken oder hinter einem Gebäude, der von Mauern eingefriedet ist.

Holzverkleidung Technik zur Verkleidung von Gebäuden, bei der Holz überlappend Brett für Brett angebracht wird. Auf diese Weise kann der Regen ablaufen, und es entsteht eine wasserdichte Versiegelung.

Ingenieur Architekten und Designer konsultieren beim Entwurf von Gebäuden und Innenräumen oft Statiker, Maschinenbauer, Bau-, Elektro-, Umwelt-, Ton- und Lichtingenieure.

Innenarchitektur Der Begriff beschreibt die Praxis, bestehende Gebäude umzugestalten. Neben gröberen Umbauarbeiten an einem Gebäude befasst sich die Innenarchitektur häufig mit komplexen Problemen in den Bereichen Struktur, Umwelt und Installationen. Sie wird manchmal auch als Adaption, adaptive Wiederverwendung oder Umgestaltung bezeichnet.

Inneneinrichtung Die Kunst, Innenräume und Zimmer so einzurichten, dass sie einen bestimmten Charakter oder eine besondere Atmosphäre verströmen. Oberflächenmuster, Dekorationsobjekte, Mobiliar, Textilausstattung und Beleuchtung spielen dabei eine große Rolle.

Insertion Der Einbau eines vollständigen Objekts in den Rahmen, den ein Gebäude vorgibt. Diese Praxis etabliert eine intensive Beziehung zwischen dem Originalbau und dem eingesetzten Element, wobei gleichzeitig der individuelle Charakter beider Komponenten stark und unabhängig erhalten bleibt.

Installation Die Strategie, Elemente mit Bezug zueinander im Kontext eines bestehenden Gebäudes zu platzieren. Dieser Prozess schärft das Bewusstsein für die Existenz eines Gebäudes, ohne dieses jedoch nachteilig zu beeinflussen.

Interior Design Interior Design ist eine fachübergreifende Disziplin, die sich mit der Gestaltung von Innenumgebungen beschäftigt. Sie verleiht Räumen durch die Anpassung des räumlichen Volumens, der Platzierung einzelner Elemente und Möbel und durch die Bearbeitung von Oberflächen Identität und Atmosphäre.

Intervention Prozedur, die das Potenzial oder die unterdrückte Bedeutung eines bestimmten Ortes aktiviert. Der Eingriff entfaltet vor allem dann seine Wirkung, wenn das Gebäude alle Stichworte für die Veränderungen liefert, die in der Sprache der Architektur ihren Ausdruck finden.

Isolierung Materialien, die zwischen den inneren und äußeren Schichten einer Mauer platziert werden, um die Temperatur im Innenraum konstant zu halten. Die Isolierung kann auch dazu dienen, die Übertragung von Geräuschen zwischen den Zimmern zu dämmen.

Jalousien bzw. Lamellen Dünne, horizontale Planken, die meistens aus Holz oder Stahl gefertigt werden. Man platziert sie an der Außenseite einer Öffnung, um den Innenraum vor direkter Sonneneinstrahlung zu schützen.

Kamineffekt Effekt, bei dem warme Luft durch einen Raum oder ein Gebäude nach oben steigt und auf der tieferen Ebene durch kalte Luft ersetzt wird. Dieser natürliche Prozess wird zur Kühlung eingesetzt.

Klassische Architektur Sie leitet ihre Grundsätze aus griechischer und römischer Kunst und Architektur ab. Die Hauptordnungen klassischer Architektur sind dorisch, ionisch, korinthisch, toskanisch und Mischformen davon. Das Wiederaufleben wird als Klassizismus bezeichnet.

Klima Die langfristigen bzw. vorherrschenden Wetterbedingungen in einer Gegend. Das Studium der klimatischen Bedingungen kann zur Entwicklung von Elementen genutzt werden, die die Atmosphäre im Innenraum beeinflussen.

Kolonnade bzw. Säulengang Element zur Kontrolle von Bewegung und Raum, das aus einer Reihe regelmäßig angeordneter Säulen besteht, die ein gerades Dach tragen.

Komposition Plan oder Anordnung von Elementen in einem visuellen Design. Bei der Planung eines Innenraums bezieht sie sich auf die Organisation der Raumkomponenten, bei einer Fassadenansicht oder Schnittzeichnung hingegen auf die Verteilung von Räumen und Elementen im Gebäude.

Konservierung Die Kunst, bestehende Strukturen in ihrer gegenwärtigen Form zu bewahren oder sie wieder in ihren ursprünglichen Zustand zurückzuversetzen.

Kontext In der Innenarchitektur setzt sich der Kontext aus den Bedingungen zusammen, die ein wiederzuverwertendes Gebäude umgeben. Diese Bedingungen können in der unmittelbaren Nähe oder weit entfernt liegen. Sie üben verschiedene Einflüsse auf den neuen Innenraum aus.

Licht Der bewusste Einsatz sowohl von natürlichem als auch von künstlichem Licht spielt beim Design eines Innenraums eine wichtige Rolle.

Lichtgaden Oberer Bereich der Hauptwände einer Kirche, in den oft Fenster oder Öffnungen eingelassen sind, damit Licht einfallen kann.

Light-Shelf Eine Vorrichtung, die an einem Fenster angebracht wird, um das natürliche Licht in den Innenraum hineinzuspiegeln.

Materialien Die Baustoffe, die einem Innenraum seine Form und Ordnung geben. Zu den am häufigsten verwendeten Materialien zählen Holz, Glas, Stahl, Kunststoffe und Stein sowie Textilien.

Mauerwerköffnung Öffnung in der Mauerstruktur eines Gebäudes, die Blicke in den und aus dem Raum ermöglicht sowie Lichteinfall und Luftaustausch. Beispiele hierfür sind Fenster oder Türen.

Mikroklima Die unmittelbaren Umweltbedingungen eines bestimmten Standorts, Gebäudes oder Raumes.

Mischnutzung Ein Gebäude oder Innenraum, in dem mehr als eine Funktion untergebracht ist. Z.B. kann ein Bauvorhaben Wohnraum mit Ladenflächen kombinieren.

Mobiliar/Ausstattung Mit dem Mobiliar kann die Charakteristik eines bestimmten Zimmers kreiert werden. Es kann entweder maßgefertigt oder vom Designer ausgewählt werden.

Nachhaltigkeit In der Architektur und im Design bezieht sie sich auf den sensiblen Einsatz natürlicher Ressourcen und Materialien, ohne diese auf unnötige Weise zu verschwenden. Sie umfasst außerdem die Materialbeschaffung, Baumethoden und die Nutzung bestimmter Baustoffe, die nicht zum Klimawandel beitragen, der durch die Ausbeutung und den Transport natürlicher Ressourcen rund um den Globus beschleunigt wird.

Narration Eine Geschichte bzw. ein Text, der verschiedene Figuren und eine Abfolge von Ereignissen beschreibt. In der Architektur und im Design veranschaulicht die Narration Geschichten bzw. Ereignisse, die der Designer vermitteln will: Sie beziehen sich auf das Gebäude, das Ausstellungsdesign, das Konzept, die Marke oder die Identität.

Natürliche Belüftung Prozess, bei dem Luft auf natürlichem Wege und nicht durch Klimaanlagen in einen Raum gelangt. Die natürliche Belüftung nutzt Fenster, Türen, Gitter und Dachlichter.

Objekt Ein gezielt platziertes Objekt ist ein starker Bedeutungsträger. Ob kleines Möbelstück, große Skulptur oder Gruppe an Einzelstücken – jedes Objekt etabliert eine physische und kulturelle Beziehung zu seiner Umgebung.

Orangerie Gewächshaus oder Wintergarten im klassischen Stil, in dem man früher Zitrusfrüchte züchtete.

Organisation bezeichnet die Planung bzw. Ordnung eines Raumes, d.h. die Anordnung der Objekte, Zimmer und Elemente.

Orientierung Die Richtung, in die ein Raum ausgerichtet ist, insbesondere wenn eine Beziehung zwischen dem Innenraum und anderen Objekten oder Merkmalen hergestellt wird.

Ornament Dekoratives Detail, mit dem man Teile eines Gebäudes oder Innenraums verschönert. In den meisten Fällen ist es überflüssig, und im 21. Jahrhundert entspann sich in der Designbranche eine hitzige Diskussion um diese Elemente.

Patinierung Abgeleitet von dem Begriff Patina. Patinierung bezeichnet die Veränderung der Oberflächentextur oder -muster im Laufe der Zeit.

Planung Die Organisation des Innenraums durch die Anordnung von Zimmern, Räumen und Strukturen in einer zweidimensionalen Zeichnung.

Portal Struktureller Rahmen, der die Abdeckung einer weiten Spanne ermöglicht, ohne übermäßig viele Stützen zu benötigen. Dieser Rahmen wird vor allem beim Bau großer Lagerhäuser verwendet. Der Begriff Portal kann auch eine Pforte oder einen Portikus bezeichnen.

Portikus Überdachter Vorbau, der entweder offen oder teilweise eingefriedet ist und den Eingang zu einem Gebäude bildet. Er geht auf die frühe griechische Architektur zurück und ruht häufig auf Säulen. An einer Gebäudefassade kann der Portikus ein prachtvolles Element darstellen.

Promenade Nach Le Corbusier einer der fünf Punkte in der Architektur. Sie ist das modernistische Konzept der fortwährenden Bewegung durch ein Gebäude. Diese Reise ist auch unter dem Begriff „architektonische Promenade" bekannt.

Putz Glattes Abdeckmaterial für Oberflächen. Er wird nass aufgetragen und kann über vorhandene Schichten hinweg glatt gezogen werden, um Unebenheiten oder Sprünge zu kaschieren.

PVB Kunststoffschicht, die zwischen zwei Glasscheiben gelegt wird, um die Sonneneinstrahlung zu kontrollieren und das Tageslicht zu streuen.

Rampe Geneigte Fläche, die unterschiedliche Ebenen in einem Gebäude oder einem Außenraum verbindet. Sie kann gerade oder gebogen sein. In einem Innenraum formuliert sie manchmal eine eindrucksvolle Aussage. Der Neigungswinkel ist in verschiedenen Rechtsvorschriften geregelt wie z.B. in den Gesetzen gegen die Diskriminierung behinderter Menschen.

Raumnutzung Nutzung oder Bewohnung eines Innenraums.

Readymade Die Entwicklung von Kunst aus Fundobjekten des Alltags, die normalerweise selbst nicht als Kunst gelten. Der Begriff Readymade wurde von dem Künstler Marcel Duchamp geprägt, der aus Gegenständen wie Fahrradteilen, einem Flaschenregal und einem Pissoir Kunstobjekte kreierte.

Rechtwinklig Die Verarbeitung rechter Winkel in einem Design.

Recycling Die Wiederverwertung von Materialien und Gebäuden, um etwas Neues zu schaffen.

Restaurierung Prozess der Wiederherstellung des Originalzustands. Hierbei werden oft Materialien und Techniken aus der ursprünglichen Bauzeit genutzt, damit es wirkt wie ein Gebäude aus der historischen Epoche.

Sanierung Prozess der Erneuerung und Modernisierung eines Gebäudes. Die Funktion bleibt gleich, und auch die Struktur wird im Allgemeinen nicht verändert, aber die Nutzungsweise wird auf einen modernen Stand gebracht. Dabei stehen vor allem die Installationen im Vordergrund, insbesondere das Heizungssystem und sanitäre Einrichtungen.

Schalenbauweise Eine Bautechnik, bei der die Außenhaut des Objekts als strukturelle Stütze dient. Innere Struktur und Haut verschmelzen zu einem einzigen Element. Diese Konstruktionsmethode wird meist im Flugzeug- und Automobildesign eingesetzt, findet aber zunehmend auch in der Architektur Verwendung.

Schnitt Der Designer kann an jedem beliebigen Punkt eines Gebäudeplans eine Linie durch die Zeichnung ziehen und eine vertikal durch die Räume verlaufende Öffnung visualisieren. Man nennt das einen Schnitt. Er veranschaulicht das Volumen der Räume, die Position der Wände, der Böden, des Daches und weiterer struktureller Elemente.

Schwarzwasser Abwasser, das man nicht wiederverwerten kann.

Schwelle Die Schwelle markiert den Übergangspunkt zwischen zwei Räumen, nicht nur zwischen Innen- und Außenraum, sondern auch zwischen zwei Zimmern.

Sonneneinstrahlung Temperaturanstieg aufgrund der Wärme, die durch den Einfall von Sonnenlicht in einen Raum oder auf ein Objekt erzeugt wird.

Spiegelpool Ein strategisch positionierter, flacher Pool, dessen Wasser Licht in und um ein Gebäude herum spiegelt.

Spolia Die Wiederverwertung von alten Bauelementen und ihre Verarbeitung in neuen oder zu einem späteren Zeitpunkt errichteten Monumenten. Der Begriff ist abgeleitet vom lateinischen „spolia" (Beutestücke), die den Besiegten von den Siegern als Trophäen abgenommen wurden.

Standortspezifisch Der Standort ist der spezielle Platz oder Kontext eines Gebäudes bzw. Raumes. Standortspezifisch beschreibt die besonderen Bedingungen, die an einem Standort vorherrschen.

Standrichtung Sie gibt die jeweilige Richtung an, in die ein Betrachter blickt bzw. in welche ein Gebäude orientiert ist.

Struktur Ein Schutz oder eine Einfassung, der einen Außen- und Innenraum entstehen lässt. Die Struktur bildet eines der Grundelemente in der Konstruktion von Räumen. Sie setzt sich aus Materialien zusammen, die so miteinander verbunden sind, dass sie dem auf ihnen lastenden Druck standhalten.

Stuck Abschließender Gipsputz auf einer Wand, der entweder glatt oder verziert ist. Dekorativer Stuck erreichte seinen Höhepunkt der Verbreitung in den blumigen Architekturstilen des Barock und Rokoko.

Stütze Die Stütze bildet gemeinsam mit dem Träger die Grundkomponente der Systemstruktur. Sie ist das vertikale Element des Rahmens und überwiegend aus Stein, Stahl oder Holz gefertigt.

Träger Der Träger ist eine Kernkomponente des strukturellen Grundrahmens. Er ist ein horizontaler Streben aus Holz, Stahl oder Mauerwerk, der an beiden Enden abgestützt wird.

Tragwerkkonstruktion Dieser Begriff bezieht sich auf das statische System, mit dem ein Gebäude errichtet wurde. In der Regel ist damit eine Struktur gemeint, die aus Mauerwerk besteht und Stein für Stein vom Boden aus errichtet wurde.

Transluzentes Material Es lässt Licht durchscheinen, ermöglicht aber kein Durchblicken. Dazu gehören farbiges Glas, Buntglas, Acryl, Alabaster und hauchdünne Marmorplatten.

Transparentes Material Es ist sowohl blick- als auch lichtdurchlässig wie z.B. Klarglas ohne Texturierung.

Umgestaltung Prozess der vollständigen Veränderung eines Gebäudes. Die Funktion erfährt dabei die offensichtlichste Wandlung, aber es können auch Veränderungen an der Struktur, den Zirkulationswegen und der Orientierung vorgenommen werden. Ebenso möglich sind Anbauten oder auch Abrissarbeiten in einigen Gebäudebereichen.

Umwelt Der Kontext eines Gebäudes und seines Innenraums sowie die klimatischen Bedingungen, die das Design oder bestehende Gebäude beeinflussen.

Undurchsichtig Licht kann nicht hindurchdringen.

Urbanistik Die Erforschung von Städten, ihrer Evolution und Entwicklung.

Verkleidung Sie bezeichnet meist die Aufbringung einer Materialschicht, mit der die Struktur eines Gebäudes oder Elements verdeckt wird. An der Außenseite müssen Wetter- und Klimakontrolle berücksichtigt werden. Im Innenraum stehen hingegen Funktion, Aussehen und Identität im Vordergrund. Die komplexe Beziehung zwischen Verkleidung, Struktur und ihrer visuellen Erscheinung beherrscht seit jeher die Architektur- und Designgeschichte. Vgl. Loos „Ornament und Verbrechen“, 1908.

Verputzen Das abschließende Aufbringen einer glatten Putzschicht auf eine Außenwand.

Verwitterung Veränderung der Oberfläche eines Gebäudes, Innenraums oder bestimmten Materials aufgrund von Witterungseinflüssen über einen langen Zeitraum.

Vordach Überdachung, die zum Schutz vor Regen und Sonne oder als Betonung einer bestimmten Aktivität errichtet wird. Meistens wird eine solche Überdachung am Eingang eines Gebäudes angebracht, sie kann aber auch frei stehen.

Vorhandene Texturen Bei Arbeiten an bestehenden Gebäuden können vorgefundene Oberflächen erhalten werden, um eine bedeutungsvolle Verbindung mit der Historie des Standorts zu kreieren.

Vorsprung Ein Überstand am Rand eines Gebäudes wie z.B. ein Dach oder ein Balkon.

Wiederverwendung Die Umwandlung eines bestehenden Gebäudes kann auch als „Wiederverwendung“ bezeichnet werden. Der Begriff legt nahe, dass Elemente und Teile sowohl des alten als auch des neuen Baues umgearbeitet werden, damit ein neuer Raum entsteht. Vgl. hierzu Adaption, Umgestaltung und Innenarchitektur.

Zirkulation Sie bezeichnet die Maßnahmen zur Organisation der Bewegung innerhalb eines Gebäudes und wird meist über horizontale Routen in Form von Fußwegen, Korridoren und Brücken oder vertikal über Treppen, Rampen, Lifte und Rolltreppen durch das Gebäude hergestellt.

Graeme Brooker dankt dem Interior-Desgin-Team an der Manchester Metropolitan University Howard Cooper und Shelley McNulty für ihre unermüdliche Unterstützung und Claire Brooker für ihre große Geduld.

Sally Stone dankt Pilar Cos für ihre Zeit und Inspiration, Tomeu Ferra für seine Großzügigkeit und Gastfreundschaft, Gillian Ward für ihre Nachsicht, Reuben, Ivan und Agnes für ihre Lebensfreude und Dominic Roberts für seinen starken Rückhalt.

Graeme Brookers und Sally Stones gemeinsamer Dank gilt Aaron Losada für seine großartigen Zeichnungen, Michael Coates für seine hilfreiche Unterstützung, MIRIAD (Manchester Institute of Research in Art and Design) für die finanzielle Unterstützung und allen Designern, Architekten und Fotografen, die ihre Arbeit für dieses Buch zur Verfügung gestellt haben. Ihr abschließender Dank geht an AVA Publishing und ganz besonders an Leafy Robinson, die während des gesamten Projekts immer wieder ermutigende Worte fand.

Bildnachweis

Alle Grafiken von Aaron Losada. Bilder von © Graeme Brooker und Sally Stone außer:
003: Foto mit frdl. Gen. von Ben Kelly Design
016: Foto © Iuri
018: Fotos von Hélène Binet (oben) und David Stewart (unten)
019: Foto von David Stewart; Grafik von 5th Studio
021: Foto © 0399778584
026+027: Fotos und Bilder mit frdl. Gen. von Architects Britch
030+031: Fotos und Grafiken mit frdl. Gen. von Stephenson Bell Architects
032: Fotos mit frdl. Gen. von Bill Dunster Architects
037: Fotos mit frdl. Gen. von Ben Kelly Design
038+039: Fotos und Bilder mit frdl. Gen. von Ben Kelly Design
041: Fotos © Roland Halbe/artur
043: Foto © Lluís Casals
049: Foto (unten) © Sarah Blee; Grafiken mit frdl. Gen. von Neutelings Riedijk Architects
050+051: Fotos mit frdl. Gen. von Ben Kelly Design
054+055: Fotos © Paul Ott
065: Foto © Patricia Hofmeester
066: Foto © Salamanderman
068+069: Fotos von Dominic Roberts
072: Foto mit frdl. Gen. von ONL
074: Foto (unten) © Philip Lange; Foto (oben) © Rafael Ramirez Lee
075: Foto © Rafael Ramirez Lee
076: Fotos © Mark Bond
077: Foto © David Quixley
080+081: Fotos von Dominic Roberts
083: Foto von Hélène Binet
084+085: Fotos und Grafik mit frdl. Gen. von Richard Murphy Architects
088+089: Fotos von Dominic Roberts; Grafik mit frdl. Gen. von O'Donnell + Tuomey
090: Foto von Paul Smoothy
093: Bild von KDa
094+095: Fotos von Dominic Roberts
096+097: Fotos von Dominic Roberts
100+101: Fotos und Zeichnung mit frdl. Gen. von Arca
102: Zeichnung mit frdl. Gen. von Diller Scofidio + Renfro
103: Foto (unten) mit frdl. Gen. von Diller Scofidio + Renfro
106: Fotos mit frdl. Gen. von Latz + Partner
107: Foto (links) von Michael Latz
108+109: Fotos und Zeichnung mit frdl. Gen. von KDa
110: Foto von Eamon Canniffe
114+115: Fotos von Peter Cook, mit frdl. Gen. von View Pictures Ltd; Grafik mit frdl. Gen. von Wright & Wright Architects
116+117: Fotos von Paul Smoothy; Zeichnung mit frdl. Gen. von LTS Architects
122+123: Foto (oben) © Bruno Medley; Foto (unten) © Steve Baker; Zeichnung mit frdl. Gen. von Foster + Partners
124: Zeichnungen mit frdl. Gen. von Neutelings Riedijk Architects
127: Fotos und Zeichnungen mit frdl. Gen. von Francis Roberts Architects
130+131: Fotos von Dominic Roberts
132: Fotos von John Lee
139: Fotos von Peter Aaron/ Esto, mit frdl. Gen. von View Pictures Ltd
140: Fotos von Piemonti Giovanna, mit frdl. Gen. von Massimiliano Fuksas
143: Foto (Mitte) © Stephen Finn
144+145: Fotos © Keith Hunter
149: Foto mit frdl. Gen. von ARO
150+151: Foto mit frdl. Gen. von Joe Jessop
152+153: Fotos von Dominic Roberts
154+155: Fotos von Dominic Roberts
158: Fotos mit frdl. Gen. von Bernard Tschumi Architects
160: Fotos mit frdl. Gen. von Ben Kelly Design
162: Fotos mit frdl. Gen. von Jonathan Adams
164: Grafik mit frdl. Gen. von LOT-EK
168+169: Fotos frdl. Gen. von ARO

Quellenverzeichnis

015: Los, S., 1995. *Carlo Scarpa – An Architectural Guide*. Verona: Arsenale Editrice srl
017: Giancarlo De Carlo, zitiert nach McKean, J., 2004. *Giancarlo De Carlo – Layered Places*. Fellbach: Edition Axel Menges
021: Holl, S. 1996. *Anchoring*. New York, NY: Princeton Architectural Press
023: Cullen, G., 1996. *The Concise Townscape*. Oxford: The Architectural Press
024: Sanin, F., 1994. *Münster City Library – Architecture In Detail*. London: Phaidon
031: Breitling, S., Cramer, J., 2007. *Architecture in Existing Fabric – Planning Design Building*. Basel: Birkhäuser
040: Brooker, G. & Stone, S., 2004. *Rereadings*. London: RIBA
043: Silvetti, J., 1997. Interactive realms: The bridge of San Francesco and the Palazzo Sant'Elia. In: A. Von Hoffman (Hg.). *Form, Modernism and History, Essays in Honor of Eduard F. Sekler*, Harvard: University Press
045: Adam Caruso, zitiert nach Pearman, H., 2005. Caruso St. John celebrate their trad influences. *Architects' Journal*, 6. Oktober
047: Zitiert nach der Pritzker Jury, Pritzker Architecture Prize Laureate 1985, von *The Pritzker Architecture Prize*. Website 2008 [online]. Stand vom 3. Jan. 2008. Einsehbar im Internet unter: www.pritzkerprize.com/full_new_site/hollein_citation.htm
048: Alexander, C., 1977. *A Pattern Language*. Oxford: Oxford University Press
057: Lynch, K., 1960. *The Image of the City.* Cambridge, MA: MIT Press
067: Powell, K., 1999. *Architecture Reborn*. London: Laurence King Publishing
068: Lazarus, M.A., Mandler, S., Odell, W., 2006. *The Guidebook to Sustainable Design*. Chichester: John Wiley & Sons
071: Zumthor, P., 1998 Architecture and Urbanism Extra. February
075: Rapoport, A., 1969. *House Form and Culture*. New Jersey: Prentice Hall
079: Roberts, D., 2006. Interventions. Artimide
085: Cullen, G., 1971. *The Concise Townscape*. Oxford: Architectural Press
095: Langhorne, J., 1774–47. The Country Justice
097: Caldenby, C., Lindvall, J., Wang, W. (Hg.). 1998. *20th Century Architecture: Sweden*. New York: Prestel
101: Deplazes, A. (Hg.), 2005. *Constructing Architecture: Materials, Processes, Structures – A Handbook*. Basel: Birkhäuser
103: Dimendberg, E., 2003. Blurring Genres. In: Betsky, A., u.a. (Hg.). *Scanning: The Aberrant Architectures of Diller + Scofidio*. New York: Whitney Museum of American Art
104: Tagliabue, B., 2004. EMBT: *Work in Progress*. New York: Actar D
107: Boyer, M.C., 1996. *The City of Collective Memory*. Cambridge, MA: The MIT Press
111: Brooker, G., & Stone, S., 2007. *Gli Interni Nel Progetto Sull'esistente: Tradizione E Ricerca.* Padova: Il Poligrafo
112: Wright, J., of Shed 54. 2000 In conversation with the authors, 20th October 2000.
115: Edwards, B., und Hyett, P., 2001. *Rough Guide to Sustainability*. London: RIBA Publishing
116: Allen, G., Lyndon, D., Moore, C., 1974. *The Place of Houses*. New York: Henry Holt Publishers
125: McLennan, J.F., 2004. *The Philosophy of Sustainable Design*. Bainbridge Island, WA: Ecotone
129: Pallasmaa, J., 2005. *Encounters*. Helsinki: Rakennustieto Publishing
131: Caldenby, C., Lindvall, J., Wang, W. (Hg.). 1998. *20th Century Architecture: Sweden*. New York: Prestel
137: Edwards, B., und Hyett, P., 2001. *Rough Guide to Sustainability*. London: RIBA Publishing
139: Kalkin, A., 2002. *Architecture and Hygiene*. London: B.T. Batsford
141: Scott, F., 2007. *On Altering Architecture*. London: Routledge
145: Lazarus, M.A., Mandler, S., Odell, W., 2006. *The Guidebook to Sustainable Design*. Chichester: John Wiley & Sons
151: Weston, R., 2004. *Plans Sections Elevations: Key Buildings of the Twentieth Century*. London: Laurence King Publishing
152: The Energy Research Group (Owen Lewis, J., Hg.). 1999. A Green Vitruvius: Principles and Practice of Sustainable Architectural Design. London: James & James (Science Publishers)
156: Houben, F./Mecanoo Architects. 2001. *Composition Contrast Complexity*. Basel: Birkhäuser
159: Tschumi, B., 1990. *Questions of Space*. Architectural Association Publishers
163: Leitner, B., 1994. 'Le Cylindre Sonore'. In: Martin, E. (Hg.). 1994. *Architecture as a translation of music* (Pamphlet Architecture 16). New Jersey: Princeton Architectural Press
167: Partington, R., in einem Interview mit *Laminated Glass News* [online]. [Stand vom 15. Januar 2008] www.dupont.com/safetyglass/lgn/stories/1105.html
168: Sanders, J., 2002. 'Curtain Wars: Architects, Decorators and the Twentieth-Century Domestic Interior'. In: *Harvard Design Magazine*, Nr. 16, S.14–20